Rudi Oberdorfer

Ethisch-nachhaltige Investments

Performancemessung „grüner“ Fonds

igel Verlag
RWS

Oberdorfer, Rudi: Ethisch-nachhaltige Investments: Performancemessung „grüner" Fonds, Hamburg, Igel Verlag RWS 2014

Buch-ISBN: 978-3-95485-162-1
PDF-eBook-ISBN: 978-3-95485-662-6
Druck/Herstellung: Igel Verlag RWS, Hamburg, 2014

Bibliografische Information der Deutschen Nationalbibliothek:
Die Deutsche Nationalbibliothek verzeichnet diese Publikation in der Deutschen Nationalbibliografie; detaillierte bibliografische Daten sind im Internet über http://dnb.d-nb.de abrufbar.

Hermannstal 119k, 22119 Hamburg
http://www.diplomica.de, Hamburg 2014
Printed in Germany

INHALTSVERZEICHNIS

ABBILDUNGSVERZEICHNIS

TABELLENVERZEICHNIS

ABKÜRZUNGSVERZEICHNIS

ADIG	Allgemeine Deutsche Investmentgesellschaft
ATX	Austrian Trade Index
BVI	Bundesverband Deutscher Investmentgesellschaften
BWT	Best Water Technology
CAPM	Capital Asset Pricing Model
CSR	Corporate Social Responsibility
DJSGI	Dow Jones Sustainable Group Index
EBS	European Business School
EDA	Ethisch Dynamischer Anteil
Eurosif	European Sustainable and Responsible Investment Forum
FEA	Finance & Ethics Academy
FMA	Finanzmarktaufsicht
FTSE	Financial Times Stock Exchange
GCA	Global Contect Anteil
GIPS	Global Investment Performance Standards
LCA	Life Cycle Assesment
Imug	Institut für Markt-Umwelt-Gesellschaft
IPO	Initial Public Offering
KAG	Kapitalanlagengesellschaft
KGV	Kurs Gewinn Verhältnis
MSCI	Morgan Stanley Capital International
NAI	Natur Aktien Index
OGAW	Organisation für gemeinsame Anlage in Wertpapiere

OeKB Österreichische Kontrollbank

OeSFX OeKB Sustainability Fund Index

PTR Portfolio Turnover Ratio

S&P 500 Standard & Poor's 500

SRI Social Responsible Investments

TER Total Expense Ratio

VÖIG Vereinigung Österreichischer Investmentgesellschaften

ZEW Zentrum für Wirtschaftsforschung

ZfB Zeitschrift für Betriebswirtschaft

1 Einleitung

1.1 Themenstellung

Für viele Menschen ist es in ihrer Rolle als Konsument längst selbstverständlich, dass Kaufentscheidungen von ethisch-ökologischen Erwägungen mitbestimmt werden (Bio-Produkte, genfreie Produkte…), warum nicht auch bei ihrer Geldanlage? Es heißt, dass das Geld „arbeiten" sollte und eine möglichst hohe Rendite erwirtschaften soll. Steht eine Anlage in ethisch-nachhaltige Investments im Widerspruch dazu? Kostet mir das gute Gewissen in ethische Investmentfonds Geld einzusetzen etwas und ist dadurch mit einer Verringerung der Rendite zu rechnen?

Die Veranlagung nach ethischen oder nachhaltigen Kriterien hat in den letzten Jahren einen spürbaren Auftrieb erhalten. Das Interesse stammt vor allem von der Seite der institutionellen Investoren, die aufgrund der gesetzlichen Rahmenbedingungen für die Veranlagung von Pensionsgeldern „Ethik" und „Nachhaltigkeit" mitberücksichtigen müssen.

Die privaten Anleger befürchten durch eine ethisch-nachhaltige Geldanlage einen Renditeverzicht in Kauf nehmen zu müssen – ein Vorurteil, das im Folgenden genauer untersucht wird.

Ziel dieser Studie ist zunächst einen umfassenden Überblick über die ethisch-nachhaltige Veranlagung – und hier insbesondere auf die Geldanlage in Investmentfonds – zu geben und danach zu überprüfen, ob nachhaltige Portfolios für den Investor nicht nur aus moralischen Gesichtspunkten, sondern auch aus finanziellen, eine Alternative zu traditionellen Portfolios darstellen können.

Außerdem werden die gängigsten Kennzahlen zur Performancemessung von Investmentfonds vorgestellt und deren Aussagekraft beurteilt.

1.2 Gang der Studie

Einleitend werden in den *Kapiteln zwei* und *drei* die Grundlagen von Investmentfonds (Geschichte, Funktionsweise, Vorteile, Risiken) dargelegt und die unterschiedlichen Fondsarten aufgezeigt. Die darauf folgenden Kapitel bilden den Hauptteil dieser Arbeit.

Das *vierte Kapitel* zeigt ausgehend von der Definition der Begriffe „ethisch“ und „nachhaltig“ die Geschichte und die derzeitige Situation ethisch-nachhaltiger Anlageformen. Danach folgt eine Spezifikation der Investmentfonds, die neben den ökonomischen Kriterien auch soziale und/oder ökologische Faktoren berücksichtigen.

Das *fünfte Kapitel* widmet sich der Performancemessung ethisch-nachhaltiger Fonds und stellt zu Beginn die unterschiedlichsten Verfahren zur Renditemessung, zur klassischen Risikomessung und zur Risikomessung auf Basis der modernen Kapitalmarkttheorie vor. Im Schlussteil dieses Kapitels werden empirische Studien[1] untersucht, die mittels der vorgestellten Performancekennzahlen die zentrale Frage beantworten versuchen, ob ethisch-nachhaltige Portfolios in ihrer Wertentwicklung schlechter abschneiden als traditionelle Portfolios bzw. deren Benchmark.

Abschließend erfolgen im *sechsten Kapitel* eine Zusammenfassung der wichtigsten Aussagen dieser Studie und ein kurzer Ausblick auf die mögliche zukünftige Entwicklung ethisch-nachhaltiger Veranlagungen.

---

[1] In diesem Buch werden Studien ausgewertet, die mehrere Portfolios über einen längeren Zeitraum beobachtet haben. Ausgezeichnete, kurzfristige Performances und Ratings einzelner Fonds sind mittel- und langfristig oft nicht beständig. Außerdem werden keine Performance-Charts verwendet, da die Gefahr besteht, dass sie vom Beobachter naiv in die Zukunft extrapoliert werden, ohne die Veränderung fundamentaler Marktdaten mit zu berücksichtigen. Es wird auf Internetadressen hingewiesen, wo die aktuellsten Charts abrufbar sind.

2 Grundlagen von Investmentfonds

2.1 Geschichte der Investmentfonds

Die ersten Investmentfonds entstanden im Zuge der Industrialisierung und Kolonialisierung des 19. Jahrhunderts in England und Schottland.[2] Vor allem die Schotten hatten die Idee, dass es sinnvoll wäre die Mittel mehrerer Anleger zu bündeln, und somit wurde 1868 der „Foreign & Colonial Government Trust" als erster Investmentfonds aufgelegt.[3] Die Grundidee eines Investmentfonds wurde damals schon im Gründungsprospekt erläutert: „Ziel der Gesellschaft ist es, den kleinen Sparern dieselben Vorteile zu verschaffen wie den Reichen, indem das Risiko durch Streuung der Kapitalanlage vermindert wird."[4]

In den USA kamen Fonds besonders in den zwanziger Jahren des letzten Jahrhunderts auf, um das im Ersten Weltkrieg zerstörte Europa wieder aufzubauen. Jedoch bescherte das Börsenkrachjahr 1929 der Hälfte der Gesellschaften ein jähes Ende und auch im deutschsprachigen Raum scheiterte der Aufbau von Fondsgesellschaften[5] an mangelnden Sicherungs- und Kontrollmöglichkeiten.[6] Erst nach dem Zweiten Weltkrieg wurde in Deutschland durch die Münchner ADIG (Allgemeine Deutsche Investmentgesellschaft) im Jahre 1949 die ersten Fonds aufgelegt[7] und einige Jahre später folgte auch in Österreich die durch die Creditanstalt gegründete ÖIG (Österreichische Investmentgesellschaft) als erste Kapitalanlagegesellschaft.[8] In den folgenden Jahrzehnten bemühten sich die Fondsgesellschaften redlich, den Anlegern die Vorteile von Diversifikation und professionellem Management schmackhaft zu machen. Der Marktanteil blieb allerdings lange Jahre sehr gering.[9]

---

[2] Vgl. Esser [Investmentfonds für Einsteiger 1998], S.44.

[3] Vgl. Dembowski [Profi-Handbuch Investmentfonds 1999], S.18f.

[4] Shaperjahn/Weber [Vermögensverwaltung mit Investmentfonds 1995], S.737.

[5] Die Begriffe „Fondsgesellschaft", „Investmentfondsgesellschaft" und Kapitalanlagengesellschaft" werden synonym verwendet.

[6] Vgl. Weber [Zukunftssicher anlegen 2001], S 36.

[7] Vgl. Esser [Investmentfonds für Einsteiger 1998], S.45.

[8] Vgl. o.V. [Capitalinvest 2006], o.S.

[9] Vgl. Beike/Schlütz [Finanznachrichten 2001], S.672.

Der Boom an Investmentfonds begann in den achtziger Jahren und vor allem die gute Wertentwicklung der Börsen in den letzten Jahren trug dazu bei.[10] In Österreich konnten die Anleger vor dreißig Jahren nur zwischen neun Fonds wählen, vor zwanzig Jahren waren es 22 Fonds und vor zehn Jahren 473 Fonds. Gemäß der letzten veröffentlichten Zahlen der Vereinigung Österreichischer Investmentgesellschaften (VÖIG) verwalteten die 24 österreichischen Kapitalanlagegesellschaften Ende 2006 insgesamt 2.171 Fonds, mit einem Volumen von 167,3 Mrd. Euro.[11]

2.2 Funktionsweise von Investmentfonds

Im Mittelpunkt der organisatorischen Abläufe steht die *Kapitalanlagengesellschaft (KAG)*[12], in der das Kapital von vielen Anlegern gebündelt wird.[13] Dieses gesammelte Vermögen und die damit gekauften Wertpapiere werden offiziell als *„Sondervermögen"* bezeichnet.[14] Die Ansprüche der Kapitalgeber am Sondervermögen werden durch Anteilscheine verbrieft, und der Wert eines Anteils ergibt sich aus der Teilung des Werts des Sondervermögens durch die Anzahl der ausgegebenen Anteile.[15] Die Kapitalanlagegesellschaft übernimmt hauptsächlich Verwaltungsaufgaben, führt also die Fondsbücher und erfasst die Pflichtveröffentlichungen (den vollständigen Prospekt, den vereinfachten Prospekt, den Rechenschafts- und Halbjahresbericht). Ferner ist sie für den Erwerb und die Veräußerung der dem Fonds zugehörigen Vermögensgegenstände verantwortlich, wozu Fondsmanager engagiert werden.[16]

Die *Fondsmanager* haben die Aufgabe, unter Berücksichtigung der Chancen und der eingegangenen Risiken, Entscheidungen über den Kauf und Verkauf von Wertpapieren zu treffen. Sie müssen sich jedoch sowohl an die gesetzlichen Anlagerichtlinien (z.B. Mindeststreuung) als auch an die Fondsprofile der KAG (z.B. Anlageschwerpunkt, Anlageregion) richten.[17]

---

[10] Vgl. Esser [Investmentfonds für Einsteiger 1998], S.45.

[11] Vgl. o.V. [Historische Entwicklung Fonds 2006], o.S.

[12] Die exakte juristische Bezeichnung für den umgangssprachlichen Begriff „Investmentfonds"

[13] Vgl. Esser [Investmentfonds für Einsteiger 1998], S.15.

[14] Vgl. Dembowski [Profi-Handbuch Investmentfonds 1999], S.37.

[15] Vgl. Fehrenbach/Kapferer [An Investmentfonds verdienen 1999], S.105.

[16] Vgl. Beike/Schlütz [Finanznachrichten 2001], S.681f.

[17] Vgl. Dembowski [Profi-Handbuch Investmentfonds 1999], S.38 und Beike/Schlütz [Finanznachrichten

Die KAG's sind verpflichtet, für die Verwahrung des Sondervermögens eine *Depotbank* einzuschalten. Neben dieser Aufgabe übernimmt die Depotbank außerdem noch die Kontrolle der Fondsbestimmungen, die Berechnung des Anteilswertes bzw. die Prüfung der Ausgabe- und Rücknahmepreise der Anteile, die Kontoführung und die Verbuchung von Ausschüttungen.[18]

In Abbildung 1 wird das Zusammenwirken von Anlegern, Investmentfonds, Kapitalanlagengesellschaft und Kontrollbank grafisch dargestellt.

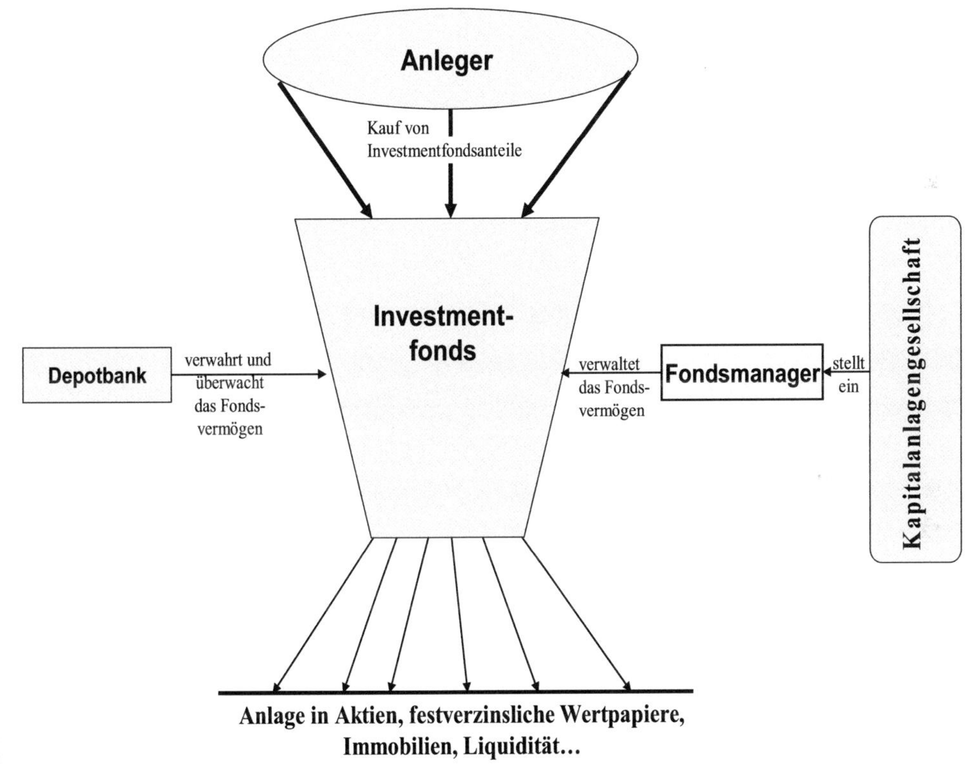

Quelle: Dembowski [Profi-Handbuch Investmentfonds 1999], S.37 (leicht modifiziert)

Abb.1: Funktionsweise von Investmentfonds

Zusammenfassend gesagt, ist ein Investmentfonds ein Sondervermögen, das von einer Kapitalanlagengesellschaft geführt und von einer von ihr unabhängigen Depotbank verwahrt wird. Die Anlage der Gelder hat in Übereinstimmung mit den Veranlagungsvorschriften des Investmentfondsgesetzes zu erfolgen. Außerdem muss jeder österrei-

2001], S.682.

[18] Vgl. Hanak/Jost [Investmentfonds 2002], S.24.

chische Investmentfonds sowie die Bestellung der Depotbank seitens der Finanzmarktaufsicht (FMA) genehmigt werden.[19]

2.3 Vorteile von Investmentfonds (gegenüber der Direktanlage)

2.3.1 Diversifikationseffekt

Durch den Kauf von Investmentfondsanteilen erwerben die Anleger einen Anteil an einem diversifizierten Portfolio. Ihr Vermögen wird nicht in einen einzelnen Anlagetitel investiert, sondern es wird versucht, das Kapital möglichst effizient auf mehrere Anlageobjekte aufzuteilen, um eine Risikominimierung zu erlangen.[20] Das *unsystematische Risiko*[21] sollte möglichst eliminiert werden.

Da kaum ein Anleger über ein so hohes Vermögen verfügt, um mittels Direktanlagen ein vergleichbar breit gestreutes Portfolio aufzubauen, genießen die Investoren in Investmentfonds den besonderen Vorteil, ihren vergleichsweise geringen Geldbetrag breit über die verschiedenen Finanzmärkte streuen zu können.[22] Die Streuung kann sowohl über mehrere unterschiedliche Einzeltitel, über verschiedenen Märkte (z.B. Länder) als über diverse Vermögensklassen (z.B. gemischter Fonds aus Anleihen und Aktien) erfolgen.[23]

Es ist jedoch zu beachten, dass der Erfolg eines Investmentfonds von der Entwicklung der Märkte abhängt, und dass trotz breiter Streuung das *systematische Risiko*[24] des Marktes nicht eliminiert werden kann.[25]

---

[19] Vgl. Hartmann [Investmentfonds 2006], S.6.

[20] Vgl. Hanak/Jost [Investmentfonds 2002], S.26f.

[21] Darunter versteht man das spezifische Risiko einzelner Unternehmen (z.B. Managementfehler, Schadensfälle im Unternehmen…),

[22] Vgl. Dembowski [Profi-Handbuch Investmentfonds 1999], S.64 und Beike/Schlütz [Finanznachrichten 2001], S.674.

[23] Vgl. Hanak/Jost [Investmentfonds 2002], S.26ff.

[24] Darunter versteht man Marktrisiken (z.B. Inflation, politische Risiken, Konjunkturrisiko…)

[25] Vgl. Otter [Investmentfonds 1999], S.30.

2.3.2 Professionelles Management

Die Anteileigner von Investmentfonds profitieren von den hervorragenden Kenntnissen der Fondsmanager über die Finanzmärkte. Die Aufgabe der Fondsmanager ist es, das Vermögen zu verwalten und den Wert über die Jahre hinweg nachhaltig zu steigern, wofür ihnen Datenbanken, Informationsdienste und zahlreiche weitere Informationsquellen zur Verfügung stehen.[26]

2.3.3 Günstige Konditionen

Da Fonds mit weitaus größeren Kapitalbeträgen als Privatpersonen operieren, reduzieren sich dadurch auch die Transaktionskosten, die durch Kauf und Verkauf von Wertpapieren entstehen.[27]

2.3.4 Liquidität

Die Anteile an Investmentfonds müssen laut gesetzlichen Bestimmungen *jederzeit* von der Kapitalanlagegesellschaft zurückgekauft werden. Der Rücknahmepreis richtet sich nach dem von der Investmentgesellschaft und Depotbank täglich errechneten Wert des Anteils. Fondsanteile zeichnen sich somit im Vergleich zu anderen Wertpapieren durch eine hohe Liquidität aus.[28]

Es ist zu erwähnen, dass die beschriebenen Fondsvorteile sich nicht bei allen Fondsarten im selben Ausmaß ausprägen. Bei Rentenfonds sind zum Beispiel die Vorteile eines professionellen Managements begrenzt, und auch der Konditionenvorteil verliert in Zeiten des Discount-Broking sowohl im Fall von Aktien als auch bei Anleihen mehr und mehr an Bedeutung.[29]

2.3.5 Rechtliche Sicherheitsmaßnahmen

Die Sicherheit von in- und ausländischen Fonds beruht auf Investmentgesetze, gesetzlich verpflichtete Mindeststreuung, Überwachung durch eine Aufsichtsbehörde, regelmäßige Berichterstattung und Überprüfung des Jahresberichtes durch einen

---

[26] Vgl. Beike/Schlütz [Finanznachrichten 2001], S.674.

[27] Vgl. Hanak/Jost [Investmentfonds 2002], S.30.

[28] Vgl. Hartmann [Investmentfonds 2006], S.4.

[29] Vgl. Beike/Schlütz [Finanznachrichten 2001], S.676f.

unabhängigen Wirtschaftsprüfer. Investmentfonds gehören somit zum „weißen" Kapitalmarkt, der staatlich überwacht wird.[30]

2.4 Risiken von Investmentfonds

Risiko bedeutet für den Anleger die Gefahr, das investierte Geld zu verlieren bzw. die geleistete Einlage nicht in voller Höhe zurückzubekommen.[31] Das Fondsrisiko hängt stark von seiner Zusammensetzung ab und kann aufgrund der unterschiedlichen Fondsarten verschieden stark auftreten.[32] Im Folgenden wird auf die wichtigsten Risikoarten eingegangen:

2.4.1 Marktrisiko

Darunter versteht man das Risiko von Kursverlusten aufgrund von Veränderungen der Marktpreise der Anlagen im Fonds (z.B. Veränderung von Zinssätze, Aktienkurse, Wechselkurse, Immobilien-, Gold- und Rohstoffpreise).[33]

Spezialitätenfonds sind den zyklischen Bewegungen des Marktes voll ausgesetzt und neigen zu überdurchschnittlich hohen Kursverlusten.[34]

2.4.2 Managementrisiko

Wenn die Fondsmanager nicht in der Lage sind, sich an die gesetzlichen Anlagerichtlinien und Anlageziele des Fonds zu halten, oder die Interessen der Anleger vernachlässigen, so wird dies als Managementrisiko bezeichnet. Fondanleger haben keinen Einfluss mehr über die Objektauswahl oder das Timing.[35]

2.4.3 Wechselkurs- und Währungsrisiko

Besteht das Fondsportfolio aus Wertpapieren, die auf fremde Währung lauten, so ist der Anleger dem Wechselkurs- und Währungsrisiko ausgesetzt.[36] Das Wechselkursrisiko ist das generelle Risiko der Wechselkursschwankungen und demgegenüber misst das

---

[30] Vgl. Dembowski [Profi-Handbuch Investmentfonds 1999], S.65.

[31] Vgl. Otter [Investmentfonds 1999], S.111.

[32] Vgl. Eisenmenger [Investmentfonds 2001], S.53.

[33] Vgl. Otter [Investmentfonds 1999], S.112.

[34] Vgl. Müller [Handbuch Geldanlage 1999], S.240.

[35] Vgl. Beike/Schlütz [Finanznachrichten 2001], S.678

[36] Vgl. Beike/Schlütz [Finanznachrichten 2001], S.678f.

Währungsrisiko die zusätzliche Volatilität, die entsteht, wenn die Renditen von auf ausländischen Währungen lautenden Anlagen in die einheimische Rechnungseinheit des Fonds umgerechnet werden.[37] Reine Branchenfonds sind den Kursschwankungen der jeweiligen Branche ausgesetzt und beinhalten ein vergleichsweise höheres Wechselkursrisiko.[38]

2.4.4 Interessenkonflikt Depotbank – Kapitalanlagegesellschaft

Der Interessenkonflikt zwischen Depotbank und Kapitalanlagegesellschaft ergibt sich aufgrund der Fremdgebühren. Die Fondsgesellschaft wird bedacht sein, die Fremdgebühren des Fonds so gering wie möglich zu halten, um eine bessere Performance zu erlangen. Die Depotbank wiederum ist daran interessiert, möglichst hohe Gebühren für die Verwahrung des Fondsvermögens und für die Wertpapiertransaktionen[39] zu erhalten.[40]

2.5 Kosten von Investmentfonds

Für die Veranlagung in einen Investmentfonds fallen unterschiedliche Kosten an, welche hier im Einzelnen erläutert werden. Die Art der verrechenbaren Kosten ist zum einen gesetzlich, zum anderen in den Fondsbestimmungen genau geregelt.

2.5.1 Ausgabeaufschlag

Der Ausgabeaufschlag dient dazu, die Kosten für den Vertrieb zu decken.[41] Der Vertriebspartner der Investmentgesellschaft erhält zwischen 70% und 100% des Ausgabeaufschlages als Provision. Die maximale Höhe wird in den Fondsbestimmungen festgelegt und wird sowohl am Zeichnungsformular als auch im Verkaufsprospekt erwähnt.[42] Die Höhe des Ausgabeaufschlags variiert von Fondsart zu Fondsart und von Anbieter zu Anbieter. Besonders zu beachten ist die Tatsache, dass die Ausgabeauf-

---

[37] Vgl. Otter [Investmentfonds 1999], S.112.

[38] Vgl. Müller [Handbuch Geldanlage 1999], S.240.

[39] Häufige Wertpapiertransaktionen zu Lasten des Anlegers wird in der Fachsprache als „Churning“ bezeichnet.

[40] Vgl. Dembowski [Profi-Handbuch Investmentfonds 1999], S.70.

[41] Vgl. Esser [Investmentfonds für Einsteiger 1998], S.99.

[42] Vgl. Dembowski [Profi-Handbuch Investmentfonds 1999], S.74.

schläge in den meisten Performancetabellen noch nicht berücksichtigt sind.[43] Der Ausgabeaufschlag wird erst durch Erhöhung des aktuellen Anteilspreises um den jeweiligen Prozentsatz dem Anleger verrechnet.[44] In der Regel ist mit einem Prozentsatz von etwa 5% zu rechnen.[45]

2.5.2 Verwaltungsgebühr

Die Verwaltungs- oder Managementgebühr[46] wird für die allgemeine Verwaltung des Fondsvermögens eingehoben. Sie wird u.a. für die Bezahlung der Fondsmanager und Analysten verwendet und wird direkt von der Wertentwicklung abgezogen.[47] Wie alle Kosten, die auf Fondsebene anfallen, ist die Verwaltungsgebühr in den Performance-Angaben enthalten und bewegt sich in der Regel pro Jahr zwischen ca. 0,5% und 1,5% des Sondervermögens.[48] Eher selten verrechnen einige Fondsgesellschaften – abhängig vom Erfolg des Fonds – auch noch eine Performancegebühr.[49]

2.5.3 Depotbankgebühr

Die Depotbank erhält für die Lagerung und Verwahrung des Sondervermögens eine Gebühr, die je nach Bank und Fonds unterschiedlich ausfällt, meist jedoch bei ca. 0,1% und 0,2% des Fondsvermögens pro Jahr liegt.[50] Die Depotbankgebühr ist schon in den Anteilspreisen, die die Fondssparer bezahlen berücksichtigt und wird direkt dem Fondsvermögen entnommen.[51]

2.5.4 Transaktionskosten

Unter Transaktionskosten versteht man alle Kosten, die mit dem Kauf und Verkauf der Anlagen zusammenhängen.[52] Einem Investmentfonds entstehen Transaktionskosten aus zwei Gründen:[53]

---

[43] Vgl. Vogelsang [Handbuch Finanzgestaltungsberatung 2000], S.181.

[44] Vgl. o.V. [Die Kosten eines Investmentfonds 2005], o.S.

[45] Vgl. Weber [Zukunftssicher anlegen 2001], S.38.

[46] In der Fachsprache „management fee" bezeichnet.

[47] Vgl. Esser [Investmentfonds für Einsteiger 1998], S.102.

[48] Vgl. Dembowski [Profi-Handbuch Investmentfonds 1999], S.79f.

[49] Vgl. Esser [Investmentfonds für Einsteiger 1998], S.102.

[50] Vgl. Esser [Investmentfonds für Einsteiger 1998], S.101.

[51] Vgl. Weber [Zukunftssicher anlegen 2001], S.39.

[52] Vgl. Dembowski [Profi-Handbuch Investmentfonds 1999], S.81.

- durch Umschichtung oder Ergänzung des Portfolios
- durch Einzahlungen oder Rücknamen der Anleger.

Nachdem diese Kosten i.d.R. nicht gesondert gegenüber den Anlegern kommuniziert werden ist die Art der Durchführung von Transaktionen durch die KAG bzw. den Fondsmanagern von großer Bedeutung. In Österreich sind die Fondsmanager neben der *gesetzlichen Treuepflicht*[54] auch noch dazu verpflichtet, das *Best-Execution-Prinzips* anzuwenden. Es gibt dem Anleger die Sicherheit, dass der Fondsmanager versucht, die Transaktionskosten beim Kauf und Verkauf von Wertpapieren möglichst niedrig zu halten. Dennoch ist die Möglichkeit der Verrechnung von höheren Transaktionskosten durch Kauf und Verkauf über die eigene Mutterbank der Investmentfondsgesellschaften nicht auszuschließen und ist meist auch nicht einwandfrei nachprüfbar.[55]

Die Zusatzkosten machen Fonds *teurer* als beispielsweise den Aktienkauf oder das Sparbuch. Die Kursgewinne müssen zunächst einmal die Kosten des Fonds ausgleichen, um erst darüber hinaus eine mögliche Rendite in Anspruch zu nehmen. Deshalb ist ein Investmentfonds nur zur langfristigen Anlage geeignet.[56]

Als interessante Alternative zu Fonds bietet sich für den Investor der Kauf von *Zertifikaten*[57] an, da hierbei die hohen Managementgebühren und Ausgabenaufschläge der Fondsbranche nicht mehr anfallen.[58]

2.5.5 Kostenkennzahlen

Die Fondsgesellschaften sind verpflichtet, die beiden Kostenkennzahlen *Total Expense Ratio* (TER) und *Portfolio Turnover Ratio* (PTR) im Fondsprospekt zu veröffentlichen, um Aufschluss über die Kostenbelastung im Fonds zu geben und die Vergleichbarkeit verschiedener Fonds zu verbessern.[59] Die TER ist eine der wichtigsten vorhersagbaren

---

[53] Vgl. Otter [Investmentfonds 1999], S.142.

[54] D.h. dass die Anlagen im ausschließlichen Interesse der Anleger getätigt werden müssen.

[55] Vgl. o.V. [Die Kosten eines Investmentfonds 2005], o.S.

[56] Vgl. Weber [Zukunftssicher anlegen 2001], S.39.

[57] Unter Zertifikaten versteht man Schuldverschreibungen der Emittenten, welche die Zertifikate auflegen. Sie folgen den Kursverlauf von einem oder mehreren zugrunde liegenden Basiswert(en) oder Anlagestrategien. Vgl. Beike/Schlütz [Finanznachrichten 2001], S. 441ff.

[58] Vgl. Kozubek [Zertifikate sind für alle Anleger interessant]; S 1.

[59] Vgl. o.V. [Spesen-Klarheit 2004], S.32.

Kennzahlen und stellt auch für den ethisch orientierten Anleger eine wichtige Information dar, die als Orientierung im Fondsvergleich unerlässlich ist.[60] Die TER zeigt das Verhältnis der Gesamtkosten (ohne Ausgabenaufschläge) zum durchschnittlichen Fondsvermögen und soll die Anleger über die tatsächliche Gesamtkostenbelastung korrekt informieren.[61] Die PTR spiegelt die Kosten für die laufenden Umschichtungen im Fondsvermögen wider, und je näher die PTR bei Null ist, desto geringer sind die Kosten.[62]

Diese Kennzahlen sollten den Anlegern zusätzlich zu den Performancekennzahlen als Entscheidungshilfe dienen und unbedingt mitberücksichtigt werden.

2.6 Qualitätsstandards der österreichischen Investmentfondsbranche

In Österreich bildet das Investmentfondsgesetz den gesetzlichen Rahmen für Investmentfonds und sorgt dafür, dass Fonds-Anleger auf einen hohen Qualitätsstandard an rechtlicher Sicherheit vertrauen können.[63] Die EU-rechtliche Grundlage für dieses Gesetz bildet die OGAW[64]-Richtlinie. Diese wurde übernommen, womit nun das österreichische Investmentfondsgesetz den EU-rechtlichen Vorgaben entspricht. Die weiteren rechtlichen Rahmenbedingungen bilden das Wertpapieraufsichtsgesetz, das Bankwesengesetz und das Kapitalmarktgesetz.[65]

Die Qualitätsstandards der österreichischen Investmentfondsbranche sind auf die Sorgfaltspflichten, Treuepflichten und Informationspflichten aufgebaut.[66]

Was die Veröffentlichung von Performancedaten betrifft, hat sich die KAG an die international anerkannten Standards bezüglich

- der Berechnungsmethode (z.B. OeKB-Formel),

---

[60] Vgl. Lernbass [Total Expense Ratio 2005], o.S.

[61] Vgl. Lernbass [Total Expense Ratio 2005], o.S.

[62] Vgl. o.V. [Spesen-Klarheit 2004], S.32.

[63] Vgl. Hanak/Jost [Investmentfonds 2002], S.16.

[64] Organisation für gemeinsame Anlagen in Wertpapieren

[65] Vgl. Marinitsch [Anlegerschutz bei Investmentfonds 2001], S.22ff.

[66] Vgl. hierzu und im folgenden o.V. [Qualitätsstandards der österreichischen Investmentfondsbranche 2005], S.3ff. und S.22ff. Weitere Informationen unter www.voeig.at.

- der Wahl der geeigneten Benchmarks (Benchmark muss der Asset Allocation weitestgehend entsprechen) und

- einer zweckmäßig zeitnahen Periode (z.B. 1, 3, 5 Jahreszeiträume bzw. ein Vielfaches. Die Performancezahlen sind rein in *per anno*-Zahlen anzugeben.),

zu halten. Außerdem hat jede Veröffentlichung von Performancedaten den folgenden Warnhinweis zu enthalten:

„*Performanceergebnisse der Vergangenheit lassen keine Rückschlüsse auf die zukünftige Entwicklung eines Investmentfonds zu*" (§43 Abs. 2 InvFG).

3 Arten von Investmentfonds

3.1 Allgemeine Kriterien der Fondsklassifizierung

Investmentfonds lassen sich nach vielen Gesichtspunkten einteilen. Im folgenden Abschnitt werden die unterschiedlichen Arten von Investmentfonds anhand der Kriterien, die in der Abbildung 2 dargestellt sind, erläutert.

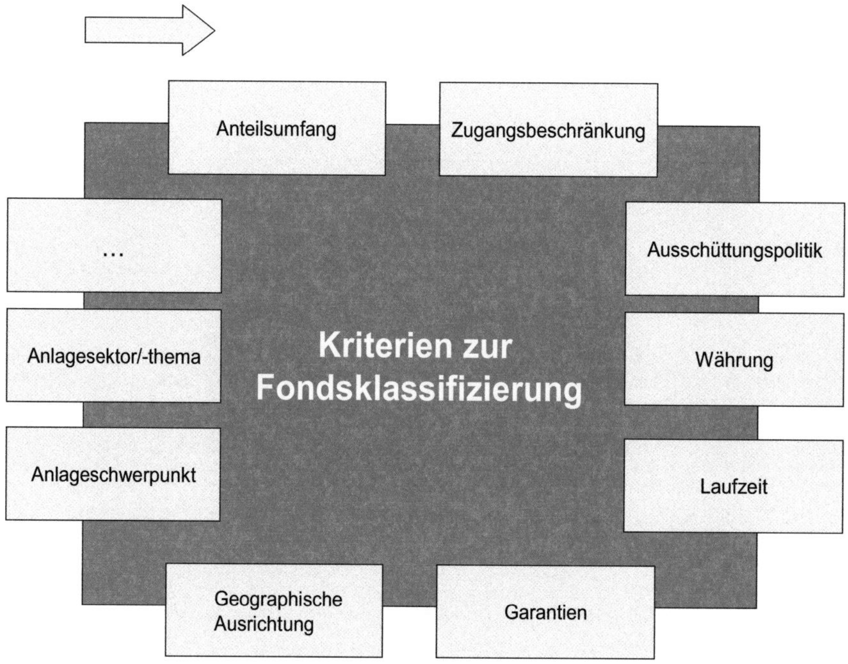

Quelle: Beike/Schlütz [Finanznachrichten 2001], S.689 (leicht modifiziert)

Abb.2: Kriterien zur Fondsklassifizierung

Die Erläuterung der Kriterien erfolgt im Uhrzeigersinn, beginnend mit dem Anteilsumfang.

3.2 Differenzierung nach Anteilsumfang

3.2.1 Offene Fonds (open-end fonds)

Die Mehrzahl der weltweit aufgelegten Fonds sind *offene Publikumsfonds*, die in den USA auch Mutual-[67] oder Open-End-Fonds genannt werden.[68] Bei offenen Investmentfonds können jederzeit Anteile am jeweiligen Sondervermögen erworben werden. Andererseits verpflichtet sich die KAG auch jederzeit Anteile zu einem festgesetzten Preis (Rücknahmepreis) zurückzunehmen.[69] Offene Fonds verkaufen somit so viele Anteile, wie von Investoren gezeichnet werden. Mit jedem Kauf wächst das Sondervermögen des Investmentfonds und mit jeder Rücknahme durch Anleger schrumpft es.[70]

3.2.2 Geschlossene Fonds (closed-end fonds)

Im Gegensatz zu den offenen Fonds gibt es bei geschlossenen Fonds nur eine fixe Anzahl von Anteilen, die bei Auflage des Fonds ausgegeben werden. Die Anteilsausgabe erfolgt einmalig im Rahmen des so genannten *Initial-Public-Offering* (IPO).[71] Danach schließt die Kapitalanlagengesellschaft den Fonds und dessen Anteile werden wie Aktien an der Börse gehandelt. Der Anteilspreis orientiert sich nun nicht mehr am Nettoinventar, sonder ergibt sich durch Angebot und Nachfrage.[72] Ein vorzeitiger Verkauf der Anteile während der Laufzeit ist nur dann möglich, wenn ein Käufer gefunden wird. Eine Rückgabe an die Investmentgesellschaft ist fast immer ausgeschlossen.[73]

3.3 Differenzierung nach Zugangsbeschränkung

3.3.1 Publikumsfonds

Publikumsfonds sind in der Regel auch zugleich offene Fonds, da sie öffentlich zu zeichnen sind und von einem breiten Anlegerpublikum erworben werden können.[74] Die

---

[67] „mutual" bedeutet soviel wie „gegenseitig", „wechselseitig"

[68] Vgl. Beike/Schlütz [Finanznachrichten 2001], S.689.

[69] Vgl. Esser [Investmentfonds für Einsteiger 1998], S.46.

[70] Vgl. Hanak/Jost [Investmentfonds 2002], S.39.

[71] Vgl. Hanak/Jost [Investmentfonds 2002], S.39.

[72] Vgl. Dembowski [Profi-Handbuch Investmentfonds 1999], S.153.

[73] Vgl. Esser [Investmentfonds für Einsteiger 1998], S.46f.

[74] Vgl. Hanak/Jost [Investmentfonds 2002], S.40.

Anleger können sowohl natürliche Personen als auch Unternehmen und Institutionen sein.[75]

3.3.2 Spezialfonds

Spezialfonds werden hingegen nur für einen bestimmten Adressatenkreis – meistens institutionelle Anleger wie Pensionskassen, Banken oder Versicherungen – aufgelegt und verwaltet. Die aktive Mitgestaltung bei der Anlageentscheidung ist der wesentliche Vorteil der Spezialfonds gegenüber offenen Publikumsfonds.[76] Laut Gesetz ist die Anzahl der Anteilsinhaber auf zehn beschränkt und müssen der KAG bekannt gemacht werden.[77]

3.4 Differenzierung nach Ausschüttungspolitik

3.4.1 Ausschüttende Fonds

Investmentfonds, die ihren Anteilsinhabern in bestimmten Zeitabständen Erträge aus Zinsen, Dividenden, Mieten sowie realisierten Kurs- bzw. Veräußerungsgewinnen und sonstigen Erlösen ausbezahlen, werden als *ausschüttende Fonds* bezeichnet. Das Fondsvermögen sinkt am Ausschüttungstag grundsätzlich um den jeweils ausgeschütteten Betrag und somit sinkt auch der Wert der Anteile.[78]

3.4.2 Thesaurierende Fonds

Bei thesaurierenden Fonds werden die Erträge nicht ausgeschüttet, sondern automatisch wieder angelegt. Das Fondsvermögen steigt durch diese kostenlose, laufende Veranlagung der Erträge, womit der Zinses-Zins-Effekt seine beste Wirkung entfalten kann.[79]

3.5 Differenzierung nach Währung

Fonds können in in- oder ausländischer Währung aufgelegt werden und somit lautet der Ausgabe- und Rücknahmepreis auch auf die dementsprechende Währung. Prinzipiell legen Kapitalanlagegesellschaften sämtliche Fonds – auch Länder- oder Regionalfonds

---

[75] Vgl. Esser [Investmentfonds für Einsteiger 1998], S.48.

[76] Vgl. Beike/Schlütz [Finanznachrichten 2001], S.690f.

[77] Vgl. Hanak/Jost [Investmentfonds 2002], S.40.

[78] Vgl. Beike/Schlütz [Finanznachrichten 2001], S.693ff.

[79] Vgl. Brückner [Investmentfonds 1998], S.11.

– in der jeweiligen Inlandswährung auf. Bei Beteiligung an einem ausländischen Fonds ist jedoch stets das Währungsrisiko zu Berücksichtigen.[80]

3.6 Differenzierung nach Laufzeit

Fonds mit begrenzter Laufzeit werden als Laufzeitfonds bezeichnet. Ihre Anteile werden meistens nur innerhalb einer bestimmten Zeitspanne verkauft. Die Anwendung von Laufzeitfonds erstreckt sich in erster Linie auf den Anleihebereich und auf Garantiefonds, die eine fix definierte Veranlagungsdauer aufweisen und danach aufgelöst werden.[81] Der klassische Investmentfonds kennt hingegen keine Begrenzung der Laufzeit und dessen Anteile können jederzeit gekauft und verkauft werden.[82]

3.7 Differenzierung nach Garantien

Da die Entwicklung der Investmentfonds abhängig von den Finanzmärkten ist, können Fonds normalerweise keine Garantie für ein bestimmtes Ergebnis geben. Die Ausnahme stellen Garantiefonds dar. Dem Anleger wird von der Fondsgesellschaft eine bestimmte Garantie eingeräumt, die sich auf den Kapitalerhalt, auf eine bestimmte Mindestverzinsung oder einen Mindest-Ausschüttungsbetrag bezieht.[83]

3.8 Differenzierung nach geographischer Ausrichtung

Zu unterscheiden sind hierbei *Global- und Internationale Fonds, Länder-* und *Regionalfonds* und *Emerging-Market-Fonds*.[84]

3.8.1 Global- und Internationale Fonds

In einem *Globalfonds* werden sowohl inländische Wertpapiere als auch ausländische Titel gehalten. Die auch global veranlagten *Internationalen Fonds* stellen ihre Portfolios ausschließlich aus ausländischen Vermögenswerten zusammen und beziehen dabei die bedeutendsten Länder weltweit ein.[85] Die globale Ausrichtung eines Fonds erlaubt eine

---

[80] Vgl. Beike/Schlütz [Finanznachrichten 2001], S.699.

[81] Vgl. Hanak/Jost [Investmentfonds 2002], S.40f.

[82] Vgl. Esser [Investmentfonds für Einsteiger 1998], S.71f.

[83] Vgl. Dembowski [Profi-Handbuch Investmentfonds 1999], S.195.

[84] Vgl. Otter [Investmentfonds 1999], S.36.

[85] Vgl. Beike/Schlütz [Finanznachrichten 2001], S.708.

Risikostreuung unter gleichzeitiger Nutzung der Chancen und Vermeidung der Risiken einzelner Teilmärkte. Die Anlagen werden über verschiedene Länder, Währungen, Unternehmen und Branchen verteilt.[86] „Ein internationaler/globaler Fonds gehört als Grundlage in jedes langfristig orientierte Investmentdepot (...) Die Strategie „Kaufen und Liegenlassen" ist hier angebracht."[87]

3.8.2 Länder- und Regionalfonds

Länderfonds halten ausschließlich Vermögenswerte eines einzelnen Staates. Die Bindung an die Wirtschafts- und Börsenentwicklung dieses Staates ist sehr ausgeprägt und kann bei kleinen Staaten oft sehr spekulativ sein. *Regionalfonds* sind breiter gestreut und konzentrieren sich auf Wertpapiere bestimmter Regionen wie Nordamerika, Südostasien, Europa, Südamerika usw. [88]

3.8.3 Emerging-Market-Fonds

Eine Sonderform der internationalen Fonds sind die so genannten *Emerging-Market-Fonds*, also Fonds, die in Wertpapieren von Schwellenländern[89] anlegen.[90] Man hofft, bei der Entwicklung dieser Staaten zu Industrieländern möglichst von Anfang an dabei zu sein, um von einem möglichen Wirtschaftsaufschwung profitieren zu können.[91] Ist der Aufschwung jedoch zu Ende, fallen die Kursrückschläge an Schwellenländerbörsen oft besonders stark aus.[92]

3.9 Differenzierung nach Anlageschwerpunkt

Fonds können für jede Vermögensklasse und jeden Anlageschwerpunkt erworben werden. Die folgende Grafik zeigt einen Querschnitt über die wichtigsten Fondsarten nach deren Anlageschwerpunkten.

---

[86] Vgl. Fehrenbach/Kapferer [An Investmentfonds verdienen 1999], S.169.

[87] Dembowski [Profi-Handbuch Investmentfonds 1999], S.162.

[88] Vgl. Esser [Investmentfonds für Einsteiger 1998], S.59.

[89] Schwellenländer sind Länder, die an der Schwelle zum Industriestaat stehen z.B. Argentinien, Brasilien, Mexiko und die ostasiatischen „Tigerstaaten".

[90] Vgl. Beike/Schlütz [Finanznachrichten 2001], S.708.

[91] Vgl. Esser [Investmentfonds für Einsteiger 1998], S.62.

[92] Vgl. Brückner [Investmentfonds 1998], S.41.

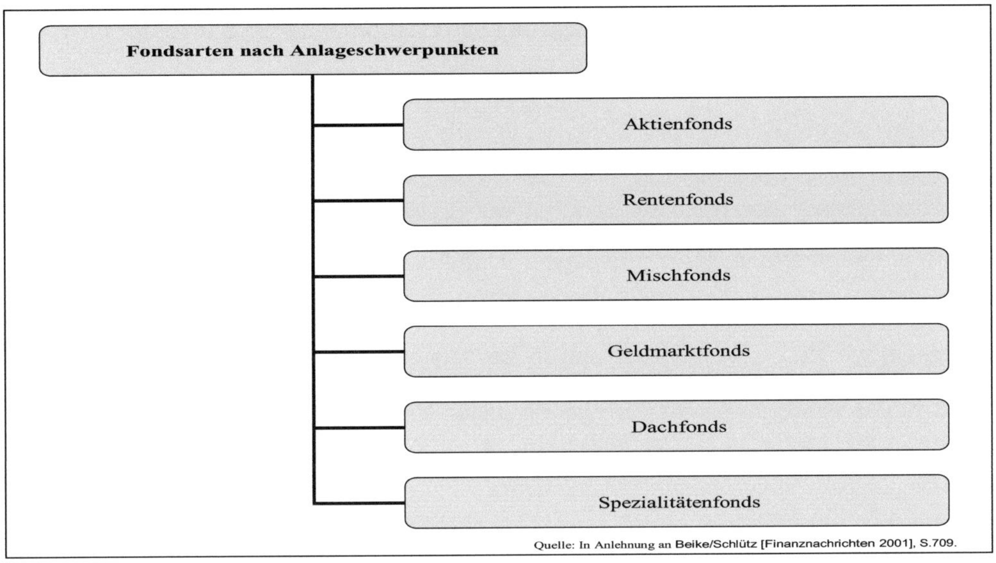

Abb.3: Fondsarten nach Anlageschwerpunkten

3.9.1 Aktienfonds

Wie der Name schon sagt, wird das Geld der Anleger in Aktien angelegt. Aktienfonds sind die interessanteste Gruppe unter den Investmentfonds, denn hier lassen sich die höchsten Volatilitäten sowohl nach oben als auch nach unten beobachten.[93] Aktien – und somit auch Aktienfonds – sind die Aufsteiger der letzten Jahre. Eine Investition in Aktien sollte langfristig sein, da je länger der Anlagezeitraum ist, desto geringer wirken sich Turbulenzen und Kursschwankungen aus.[94] Dennoch führen Aktienanlagen hierzulande in Vergleich zu beispielsweise Großbritannien ein Schattendasein, obwohl Aktienfonds auf längere Sicht die ertragsstärkere Anlageform darstellen.[95]

3.9.2 Rentenfonds

Dieser Fondstyp ist vor allem bei vorsichtigen Anlegern besonders attraktiv, da die Schwankungsanfälligkeit der Kurse von *Renten*[96] geringer ist, als die der Aktien. Der Kapitalmarktzins sollte ständig beachtet werden, da dieser die entscheidende Rolle für

---

[93] Vgl. Rauschenberger [Fondsführer 2000], S.31.

[94] Vgl. Brückner [Investmentfonds 1998], S.37f.

[95] Vgl. Hockmann [Fonds und Wertpapierblöcke 1995], S.129.

[96] *Renten* sind festverzinsliche Wertpapiere wie Staatsanleihen, Unternehmensanleihen oder Kommunalobligationen

die Kurswerte der Anteile spielt. Steigt dieser, fallen nämlich die Kurse der im Fonds enthaltenen Papiere und folglich sinkt auch der Preis der Fondsanteile.[97]

3.9.3 Mischfonds

Die Fondsgattung der Mischfonds kann ihr Sondervermögen wahlweise in Aktien, Anleihen und liquiden Mitteln anlegen. Die Fondsmanager versuchen hierbei, die größeren Gewinnchancen bei Aktien mit der höheren Sicherheit der Rentenpapiere zu kombinieren.[98] Dieses Konzept scheint in der Theorie genial zu sein, jedoch brachte es in der Praxis häufig nur mittelmäßige Resultate, da kaum ein Manager eine gelungen Mischung zusammenstellen konnte.[99]

3.9.4 Geldmarktfonds

Geldmarktfonds sind die liquidesten Investmentfonds und eignen sich auch für die sehr kurzfristige Anlage. Investiert wird in fest- oder variabel verzinslichen Papiere (z.B. kurzfristige Termingelder, Pfandbriefe, Schuldverschreibungen...) mit einer Laufzeit von bis zu einem Jahr. Das Kapital ist täglich verfügbar und die Zinsen orientieren sich an den kurzfristigen Geldmarktsätzen.[100]

3.9.5 Dachfonds

Dachfonds legen ihr Fondsvermögen wiederum in andere Investmentfonds an. Der Anlageschwerpunkt kann ausschließlich auf Aktien- oder Rentenfonds liegen, oder aber auch aus einer Mischung.[101] Wenn die Fondsgesellschaft nicht in hauseigene Investmentfonds investiert, kann es oft zu einer doppelten Gebührenbelastung kommen.[102]

3.9.6 Spezialitätenfonds

Zahlreiche weitere Fonds können zur Gruppe der Spezialitätenfonds gezählt werden. Die wichtigsten sind hierbei die *Immobilienfonds*, *Indexfonds*, *Hedge-Fonds*, *Venture-Capital-Funds*, *Futures*- und *Options-Funds*.

---

[97] Vgl. Wachtendorf [Kursbuch Investmentfonds 1999], S.57f.

[98] Vgl. Rauschenberger [Fondsführer 2000], S.47.

[99] Vgl. Wachtendorf [Kursbuch Investmentfonds 1999], S.71.

[100] Vgl. Dembowski [Profi-Handbuch Investmentfonds 1999], S.176.

[101] Vgl. Beike/Schlütz [Finanznachrichten 2001], S.732.

[102] Vgl. Brückner [Investmentfonds 1998], S.114.

3.10 Differenzierung nach Anlagesektor/-thema

3.10.1 Branchenfonds

Bei Branchenfonds wird die Anlagepolitik auf Aktien von Unternehmen ganz bestimmter Wirtschafts- und Industriezweige ausgerichtet. Es wird gezielt in Zukunftsbranchen investiert. Beispiele für eine branchenspezifische Geldanlage sind die Bereiche *Biotech, Telekommunikation, Pharma, Rohstoffe, Finanzen...*[103]

3.10.2 Themenfonds

Branchenfonds werden mittlerweile auch *Themen-* oder *Ideenfonds* genannt, wobei hier keine strenge Unterteilung herrscht. Es handelt sich ausschließlich um eine internationale Anlage, wobei die folgenden Themenfonds zu erwähnen sind: *Alternative Energie-Fonds, Wasserfonds, Umwelttechnologiefonds, Internet-Fonds, Umweltfonds, Ökofonds, Ethische-Fonds...*[104]

Im nächsten Abschnitt wird auf die drei letztgenannten Fonds genauer eingegangen, die durchaus kein Schattendasein mehr führen. Es wird das Thema der *Ethisch-nachhaltigen Investments* behandelt welches den Hauptteil dieses Buches darstellen soll.

---

[103] Vgl. Rauschenberger [Fondsführer 2000], S.34 und 191f.

[104] Vgl. Fehrenbach/Kapferer [An Investmentfonds verdienen 1999], S.176.f. und Rauschenberger [Fondsführer 2000], S.191.ff.

„Das oberste Ziel des Kapitals ist nicht, mehr Geld zu schaffen, sondern zu bewirken, dass sich das Geld der Verbesserung des Lebens widmet."

Henri Ford (1863-1947), US-amerik. Großindustrieller

4 Ethisch-nachhaltige Investments

In den letzten Jahren hat die Veranlagung nach ethischen oder nachhaltigen Kriterien – eine Begriffsabgrenzung folgt später – spürbaren Auftrieb erhalten. Nahezu alle großen Kapitalanlagegesellschaften haben Kapazitäten im Bereich des ethisch-nachhaltigen Investmentstils aufgebaut, und der eine oder andere Fonds wurde aufgelegt. In diesem Abschnitt wird versucht, einen umfassenden Überblick über die ethisch-nachhaltigen Investments zu geben, wobei auf die Investmentfonds besonders eingegangen wird.

4.1 Grundlagen ethisch-nachhaltiger Investments

4.1.1 Definition „Ethisch-Nachhaltig"

Im Folgenden werden die Begriffe *„ethisch-nachhaltig"*, *„ethisch-ökologisch"* und *„SRI*[105]*"* als Sammelbegriff für Geldanlagen verwendet, die aus sozialer, kultureller oder ökologischer Sicht stammen. Als Ziel bleibt stets ein verantwortungsvoller, anhaltender Ansatz.[106]

„*Nachhaltiges Investment*"[107] beschreibt das Zusammenwirken ökologischer, sozialer und ökonomischer Kriterien, während sich das „*Ethische Investment*" auch um die Einhaltung von kulturell oder subkulturell geprägten Werten bemüht. Religiöse und weltanschauliche Werte werden bei der Geldanlage berücksichtigt, etwa der Verzicht

---

[105] *Social Responsible Investments* (SRI) ist der amerikanische Ausdruck für „ethisch-nachhaltige Investments".

[106] Vgl. Pinner [Etische Investments 2003], S.20.

[107] Siehe 4.1.2.3 Geschichte der Nachhaltigkeit

auf Investitionen in Unternehmen, die mit Rüstung, Glücksspiel, Tabak, Alkohol oder Abtreibung ihr Geld verdienen.[108]

Der wesentliche Unterschied der Begriffe „ethisch-nachhaltig“ und „ethisch-ökologisch“ liegt in der Berücksichtigung der ökonomischen Komponente, welche im „ethisch-nachhaltigen“ Ansatz immer enthalten ist. Der „ethisch-ökologische“ Ansatz hingegen ist nicht ausdrücklich auch ertragsorientiert. Die folgende Abbildung soll diese Zusammenhänge veranschaulichen.[109]

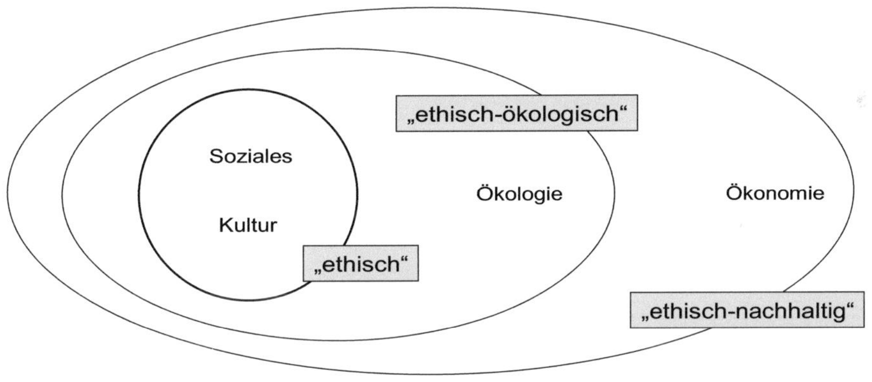

Quelle: Pinner [Ethische Investments 2003], S.21

Abb.4: Ethische Konzepte

[108] Vgl. o.V. [Investieren mit gutem Gewissen 2004], S.17.

[109] Vgl. Pinner [Etische Investments 2003], S.20f.

Ein weiterer häufig gebrauchter Begriff ist der der *„Ökoeffizienz"*. Ökoeffizienz ist erreicht, wenn folgende Voraussetzungen erfüllt sind:[110]

- Ressourcenschonende Produkte und Dienstleistungen, die
- menschliche Bedürfnisse befriedigen und
- einen Beitrag zur Lebensqualität leisten,
- werden zu wettbewerbsfähigen Preisen angeboten.

4.1.2 Die Geschichte der ...

4.1.2.1 ...ethisch-nachhaltigen Geldanlage in den USA

Die Geschichte der ethischen Geldanlage geht bis ins Amerika des 19. Jahrhunderts zurück. Christlich motivierte Anleger – vor allem Quäker und Methodisten – verzichteten damals schon auf Investitionen in Unternehmen, die Geschäfte mit Waffen, Glücksspiel, Tabak oder Alkohol tätigten. Von ihnen wurde diese Anlage „Sin Stocks" genannt – „Aktien der Sünde". Mit ihrem Verhalten haben sie den Ausdruck des *„Social Responsible Investments"* (SRI[111]) erstmals geprägt, nämlich die Berücksichtigung *sozialer*, *ökologischer*, *nachhaltiger* und *ethischer* Kriterien bei der Geldanlage.[112] Bereits im Jahre 1928 wurde der *Pioneer-Fund* als erster Investmentfonds nach solchen Kriterien aufgelegt.[113]

Danach führte diese Art der Geldanlage jedoch ein Schattendasein, bis in den 1970er Jahren die politischen Ereignisse – wie der Vietnamkrieg oder die menschenverachtende Apartheidpolitik Südafrikas – das Bedürfnis nach alternativen Geldanlagen verstärkten.[114] Kein Geld sollte für Unternehmen die in Südafrika tätig waren oder für die Rüstungsindustrie bereitgestellt werden. Daraufhin begannen sich amerikanische Unternehmen wegen u.a. von ethisch-ökologisch motivierten Geldanlegern aufgebautem politischen und wirtschaftlichen Drucks aus Südafrika zurückzuziehen.[115] Dies

---

[110] Vgl. hierzu und im folgenden o.V. [Ökoeffizienz 2006], o.S.

[111] Social Responsible Investment ist der amerikanische Ausdruck für „ethisch-nachhaltige Investments".

[112] Vgl. o.V. [Investieren mit gutem Gewissen 2004], S.15.

[113] Vgl. Weber [Zukunftssicher anlegen 2001], S.18.

[114] Vgl. Gèrard [Börse oder Leben 2002], S 59.

[115] Vgl. Schneeweiß [Kursbuch ethische Geldanlage 2002], S.90.

wurde als großer Erfolg für die ethisch-ökologische Geldanlage gewertet.[116] Als Resultat wurde im Jahre 1971 der *Pax World Fund* als erster ethischer Investmentfonds mit Ausschlusskriterien aufgelegt.[117] Der *New Alternative Fund* folgte 1982 als weltweit erster ökologisch orientierter Fonds, der in Unternehmen investierte, die im Bereich der umweltfreundlichen Energiegewinnung tätig waren.[118]

4.1.2.2 ...ethisch-nachhaltigen Geldanlage in Europa

Im europäischen Raum schlugen sich die sozial-ethischen Geldanlagen kaum nieder. Hierzulande war das Anlageverhalten eher *ökologisch* orientiert. Grund dafür waren in den 1980er Jahren zahlreiche Ereignisse[119], die in der Öffentlichkeit dafür sorgten, dass die Frage des Umweltschutzes mit der Rolle der Industrie und der Finanzwirtschaft in Verbindung gebracht wurde.[120] Es entstanden Öko-Fonds, Öko-Banken und zahlreiche Öko-Produkte, vor allem in Großbritannien, das bis heute als Vorreiter für ethisch-nachhaltige Investments gilt.[121] Auf dem europäischen Festland entstand 1983 in Frankreich der erste Ethik-Fonds, der *Nouvelle Strategie 50.* Und in England wuchs langsam bereits das Angebot an Social Responsible Fonds, wie der 1981 gegründete *Fellowship Trust.*[122]

4.1.2.3 ...Nachhaltigkeit

Am Ende der 80er und zu Beginn der 90er Jahre wurde durch die UN-Kommission für Umwelt und Entwicklung der Aspekt der *Nachhaltigkeit* – „*Sustainability*" – in die Diskussion eingeführt.[123] Im Brundtland[124]-Report aus dem Jahre 1987 findet man folgende Definition wieder: „*Nachhaltige Entwicklung ist eine Entwicklung, die den Bedürfnissen der heutigen Generation entspricht, ohne die Möglichkeiten künftiger*

---

[116] Vgl. Grieble [Ethisch-ökologische Geldanlage 2001], S.20.

[117] Vgl. Gèrard [Börse oder Leben 2002], S.60.

[118] Vgl. Schneeweiß [Kursbuch ethische Geldanlage 2002], S.91.

[119] Chemieunfall Seveso, Atomkatastrophe Tschenobyl, Angst vor saurem Regen und dem Ozonloch...

[120] Vgl. Gèrard [Börse oder Leben 2002], S.61.

[121] Vgl. o.V. [Investieren mit gutem Gewissen 2004], S.17.

[122] Vgl. Gèrard [Börse oder Leben 2002], S.61.

[123] Vgl. o.V. [Investieren mit gutem Gewissen 2004], S.17.

[124] Gro Harlem Brundtland war norwegische Umweltministerin und später Ministerpräsidentin

Generationen zu gefährden, ihre eigenen Bedürfnisse zu befriedigen."[125] Der Bericht fordert die Vereinbarkeit der drei Ziele

1. wirtschaftliche Entwicklung,

2. wirtschaftliches Wachstum und

3. Erhaltung der Umweltbedingungen.[126]

Daraufhin folgte 1992 der Umweltgipfel in Rio de Janeiro, wo die Agenda 21 – ein mittlerweile von 182 Staaten abgesegnetes Aktionsprogramm für internationale Zusammenarbeit in der Umwelt- und Entwicklungspolitik – verabschiedet wurde. Die Botschaft an alle lautete: „*Erhalten, was Grundlage ist für langfristiges Wachstum. Ökologisches und soziales Vermögen bewahren und vermehren – zukunftsfähig sein.*"[127] Wichtig hierbei sind nicht nur Themen wie Umweltschutz, erneuerbare Energien und sparsamer Umgang mit begrenzten natürlichen Ressourcen, sondern besonders auch die ganze Problematik der menschlichen Ressourcen, die durch Fair-Trade, Menschen- und Arbeitsrechte zu schützen sind. Kapitalanlagen, welche die Lebensgrundlagen verantwortungsvoll nutzen, heißen auch „*Suistainable Responsible Investments*" (SRI)[128] Es kamen neue Finanzprodukte auf den Markt, die dem Begriff der Nachhaltigkeit Rechnung trugen. Sie basieren vorwiegend auf einem erweiterten Öko-Effizienz-Konzept und schließen Unternehmen, die z.B. Menschrechte verletzen, von ihrer Veranlagung aus.[129]

Heutzutage berücksichtigt „*Nachhaltigkeit*" oder „*Sustainability*" in einer umfassenden Sichtweise die *Integration ökologischer, sozialer und ökonomischer Interessen* und Anforderungen.[130] Die Unternehmen berücksichtigen das Thema „Nachhaltigkeit", indem sie sich vermehrt ihrer *sozialen Verantwortung*[131] stellen und neben Anstrengun-

---

[125] Pinner [Etische Investments 2003], S.91.

[126] Vgl. Blank [Sustainable Development 2001], S.374f.

[127] Pinner [Ethische Investments 2003], S.89.

[128] Vgl. Meybom [Zukunftssicher investiert 2002] S.41.

[129] Vgl. Gèrard [Börse oder Leben 2002], S.63.

[130] Vgl. Blank [Sustainable Development 2001], S.374ff.

[131] Soziale Verantwortung wird auch „*Corporate Social Responsibility*"(CSR) genannt. Vgl. Pinner [Etische Investments 2003], S.86ff.

gen im Umweltschutz auch die Interessen ihrer „*Stakeholder*“[132] berücksichtigen. Auch der Kapitalmarkt behandelte in den letzten Jahren verstärkt das Motiv der „Nachhaltigkeit“. Die ethisch-nachhaltige Vermögensverwaltung, die neben finanzieller Performance auch gute Leistungen der investierten Unternehmen im Umwelt- und Sozialbereich verlangt, war und ist stark im Wachstum begriffen.[133]

Der Europäische Rat erneuerte im Juni dieses Jahres die EU-Strategie für nachhaltige Entwicklung. Es heißt: „Nachhaltige Entwicklung bedeutet, dass den Bedürfnissen der heutigen Generation dergestalt Rechnung getragen werden sollte, dass die Fähigkeit künftiger Generationen, ihre Bedürfnisse zu befriedigen, nicht gefährdet wird. Nachhaltige Entwicklung ist ein im Vertrag festgelegtes übergeordnetes Ziel der Europäischen Union, das für alle Politikbereiche und Maßnahmen der Union maßgebend ist.“[134]

---

[132] Alle, die in irgendeiner Form von den Tätigkeiten des Unternehmens betroffen sein könnten. Z.B. Öffentlichkeit, Mitarbeiter, Konsumente, Lieferanten, Mitbewerber,...

[133] Vgl. Plinke [Aktienperformance und Nachhaltigkeit 2002], S.2ff.

[134] Europäische Union [Die erneuerte EU-Strategie für nachhaltige Entwicklung 2006], S.2.

Die folgende Abbildung soll die Geschichte der ethisch-nachhaltigen Geldanlage nochmals verdeutlichen:

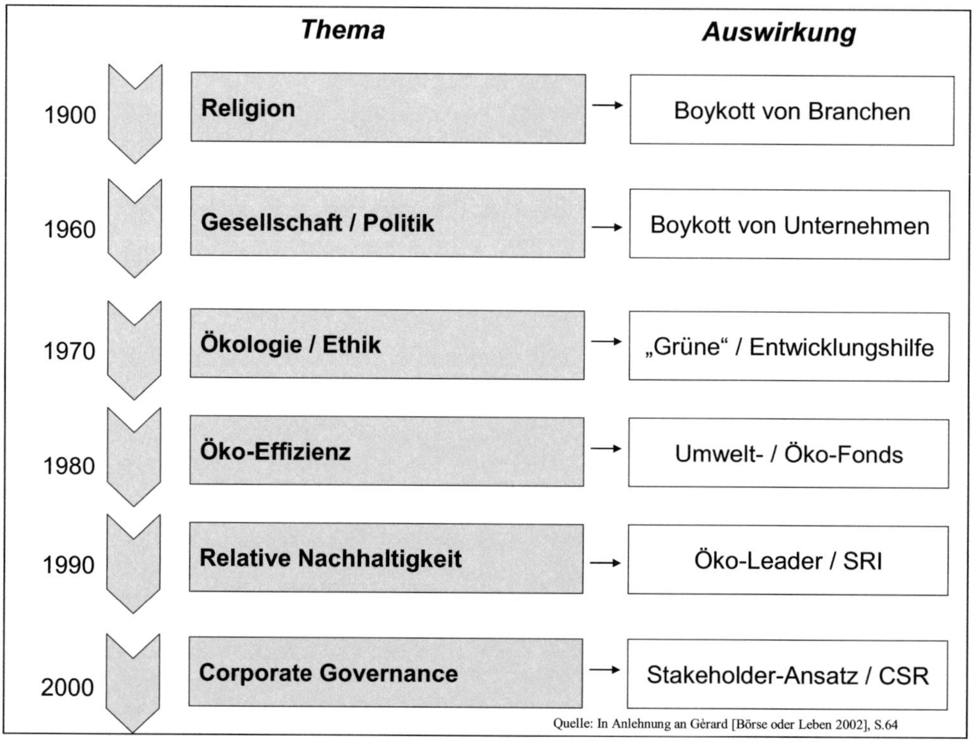

Abb.5: Meilensteine ethisch-nachhaltiger Geldanlage seit 1900

Das ethisch-nachhaltige Investment änderte sich im Laufe der Zeit. Aus dem Gedanken der Wohltätigkeit hat sich ein eigener Managementstil entwickelt, der auf finanzielle Erträge hin ausgerichtet ist und durch Wertorientierung und Risikomanagement gekennzeichnet ist.[135]

[135] Vgl. Pinner [Etische Investments 2003], S.108f.

4.1.3 Derzeitige Situation ethisch-nachhaltiger Veranlagung

Der Markt für ethische Geldanlagen, der neben finanzieller Performance auch gute Leistungen der investierten Unternehmen im Umwelt- und Sozialbereich verlangt, befindet sich nach wie vor in einem kräftigen Aufschwung. Eine schon vor Jahren durchgeführte Umfrage des Meinungsforschungsinstitutes *Gallup* ergab, dass ein erheblicher Teil (42%) der österreichischen Bevölkerung nachhaltigen Geldanlagen aufgeschlossen gegenüber steht. Diese positive Einstellung zu Kapitalanlagen mit sozialen, ethischen und ökologischen Aspekten hat sich seitdem noch verstärkt.[136] Andere Länder wie die Niederlande, Großbritannien und die Vereinigten Staaten zeigen vor, wohin die Reise der ethischen Geldanlagen geht. In den USA werden bereits über 2 Billionen US-Dollar – das sind schon über 10% des gesamten Anlagemarktes – nach ethischen und/oder ökologischen Kriterien angelegt.[137] In Europa werden nach Schätzungen des Sustainable Business Institut der *European Business School* (EBS) ca. 500 Mrd. Euro unter nachhaltigen Aspekten verwaltet wobei das Marktwachstum in den nächsten Jahren bei 30 biss 40% liegen wird.[138]

4.1.3.1 Institutionelle Investoren

Das Interesse an ethisch-nachhaltigen Veranlagungsprodukten stammt zunächst vor allem von der Seite der institutionellen Anleger, wie Investment- und Pensionsfonds, Versicherungen und Banken, sowie Kirchen, Gewerkschaften und soziale Verbände.[139] Vor allem Pensionsfonds, die aufgrund von Gesetzen[140] verpflichtet sind darüber zu berichten, ob und wie sie ethische, soziale und ökologische Belange bei der Verwendung der eingezahlten Altersvorsorgebeiträge berücksichtigen, gelten als wichtiger Motor der ethischen Geldanlage.[141] Die Anwendung solcher Kriterien wird jedoch nicht gesetzlich vorgeschrieben, doch werden die Konsumenten aufgrund dieser Berichtspflicht besser informiert und können die Produkte gezielt nachfragen und auswählen. Es

---

[136] Friesenbichler/Reithofer [Kriterien ethischer Veranlagung 2001], S.77.

[137] Vgl. BMU [Mehr Wert 2000], S.3, und S.53 und Plinke [Aktienperformance und Nachhaltigkeit 2002], S.3.

[138] Vgl. o.V. [Ethisches Investment 2006], o.S.

[139] Vgl. Pinner [Ethische Investments 2003], S.19 und BMU [Mehr Wert 2000], S.4.

[140] Das in Großbritannien verabschiedete Gesetz im Juli 2000 führte zu einem wahren Boom für ethische Pensionsfonds. Die deutsche Gesetzgebung hat das per 1. Jänner 2002 und die österreichische im Jahre 2005 nachvollzogen.

[141] Vgl. Schneeweiß [Kursbuch ethische Geldanlage 2002], S.157.

wird zumindest Transparenz geschaffen, welcher Anbieter bei der Geldanlage ethische, soziale und ökologische Kriterien berücksichtigt.[142] Außerdem haben diese Großanleger aufgrund ihres hohen Anlagevermögens einen vergleichsweise hohen Einfluss[143] auf die Unternehmen im Portfolio und ihren ethischen, sozialen und ökologischen Verhalten.[144] So warnte z. B. der amerikanische Pensionsfonds Calpers die Autobauer General Motors (GM) und Ford im Jahre 2005, Kapitalanteile zu entziehen, falls sie nicht die Treibhausgasemissionen offen legten und Klimastrategien entwickelten. Ford kam der Forderung nach, jedoch GM war dazu nicht bereit, woraufhin der Rückzug von Calpers als Investor begann.[145] In Europa ist die Möglichkeit der Aktionäre, die Unternehmensleitung an einer ineffizienten Verwendung von Unternehmenswerten zu hindern, noch nicht so stark ausgeprägt.[146]

4.1.3.2 Private Investoren

Die private Nachfrage bleibt vorerst noch moderat, bedingt durch die Befürchtung geringerer Renditen bei ethisch-nachhaltigen Produkten – einem Vorurteil, mit dem später in diesem Buch aufgeräumt werden soll.[147] Außerdem liegt das Problem auch bei der Angebotsseite, da die Kreditinstitute die ethische Geldanlage den traditionellen Anlegemöglichkeiten hinsichtlich finanzieller Kriterien als unterlegen erachten. So müssen sie alleine schon wegen der Beratungshaftung bei der Empfehlung entsprechender Anlagen sehr vorsichtig sein. Deshalb berät die große Mehrheit der Kreditinstitute nur auf entsprechende Nachfrage der Anleger nach ethisch-ökologischen Veranlagungen. Die Anleger müssten die Initiative ergreifen und verstärkt Nachfrage nach ethisch-ökologischen Geldanlagen zeigen[148], damit es zu einer Erhöhung des Angebotes und

---

[142] Vgl. o.V. [Ethisches Investment 2006], o.S.

[143] Eine aktive Einflussnahmen auf ein Unternehmen (z.B. durch Wahrnehmung des Stimmrechts), dessen Aktien sich im Portfolio des Investors befinden wird auch *Shareholder Activism* genannt; dieser ist in den USA stark ausgeprägt.

[144] Vgl. Vorbach [Der Aufschwung institutioneller Anleger 2001], S.18 und S.28.

[145] Vgl. Berguis [Nachhaltiges Investment – mehr als eine Nische 2007], S.4.

[146] Vgl. Hellwig [Was leistet das Finanzsystem 1997], S.217.

[147] Vgl. Pinner [Etische Investments 2003], S. 19 und Grieble [Ethisch-ökologische Geldanlage 2001], S.273.

[148] Laut *Imug* Forschungsinstitut fragen nur 2% der Kunden von sich aus nach Produkten aus dem ethischen Bereich. Werden ihnen jedoch Produkte aus diesem Segment angeboten, sind etwa 50% der Anleger bereit zu mindest Teilbeträge nach sozial-ökologischen Kriterien anzulegen.
Vgl. Imug[Bewertung ethisch ökologischer Finanzdienstleistungsprodukte 2003]

somit zu einer verstärkten Anlegerinformation kommen kann.[149] Auch die *Gallup*-Umfrage bestätigt: „Ist der Österreicher erst einmal dazu bereit, jenseits des Sparbuches anzulegen, so ist der Schritt zu ethischen Investments durchaus möglich, vorausgesetzt, es gibt ein entsprechendes Anbot von entsprechend gebildeten Finanzberatern."[150]

Kreditinstitute und Investmentgesellschaften haben die Fähigkeit und die Verantwortung die Märkte, Wirtschaft und Gesellschaft aktiv mitzugestalten. Durch eine Verringerung der Berührungsängste mit ethisch-ökologischen Geldanlagen – die bei Kreditinstituten stärker als bei Investmentgesellschaften ausgeprägt sind – sollten neben der erhöhten Nachfrage auch eine bessere Information dieser Unternehmen zu einer noch stärkeren Berücksichtigung ethisch-ökologischer Gesichtspunkte bei der Veranlagung führen können.[151]

Der Markt der ethisch-nachhaltigen Veranlagung wird weiterhin wachsen. *Transparenz*, *Kommunikation*, *Kompetenz* der Berater und Banken und *Distribution* sind die Schlüsselfaktoren für eine weitere Marktentwicklung.[152]

4.2 Warum ethische Geldanlagen?

4.2.1 Trends für ethische Investments

Das Auffinden von Trends in der Gesellschaft samt ihren Auswirkungen auf die Unternehmensebene gehört zu den primären Zielen der Investoren. Die aus ethisch-nachhaltiger Sichtweise formulierbaren Trends werden in Zukunft deutlich an Bedeutung gewinnen, und die Haltung der Unternehmen und Investoren von morgen stark beeinflussen.[153]

Einige Faktoren die für eine Zunahme ethisch-nachhaltiger Veranlagung sprechen:[154]

---

[149] Vgl. Grieble [Ethisch-ökologische Geldanlage 2001], S. 240ff und S.273f.

[150] Friesenbichler/Reithofer [Kriterien ethischer Veranlagung 2001], S.77.

[151] Vgl. Grieble [Ethisch-ökologische Geldanlage 2001], S. 274f. und Pinner [Etische Investments 2003], S.71f.

[152] Vgl. Schoenheit [Nachhaltiges Investment als Kommunikationsaufgabe 2004], S.93ff.

[153] Vgl. Pinner [Etische Investments 2003], S.105.

[154] Vgl. hierzu und im folgenden Brodbeck [Gewinn und Moral 2006], S.103ff. sowie Pinner [Etische Investments 2003], S. 105ff., Schneeweiß [Kursbuch ethische Geldanlage 2002], S. 13ff. und Gruber [Ethische Investments liegen im Trend 2001], S.79ff.

- Die Performance von nachhaltigen, ethischen und sozialen Investments war in der Vergangenheit nach der überwiegenden Mehrzahl der unabhängigen Studien an privaten und öffentlichen Forschungseinrichtungen[155] wenigstens ebenso gut, meist sogar besser wie der Durchschnitt anderer Anlageformen.

- Die Anleger bzw. Fondsmanager wollen in der Unternehmenspolitik aktiv mitwirken und mitgestalten und wollen an der nachhaltigen Unternehmensentwicklung teilhaben. Anleger können durch die Zunahmen an ethisch-nachhaltigen Anlagemöglichkeiten über die Geldanlage gesellschaftlichen Druck für soziale und ökologische Verbesserungen in Unternehmen ausüben.

- Die globale Wirtschaftsentwicklung ist durch eine Phase der Ungewissheit geprägt (politische Ereignisse, steigender Ölpreis, Zinserhöhungen etc.). Diese Ungewissheit wird das Entscheidungs- und Planungsverhalten der Anleger weiter verändern und die sich bereits abzeichnenden Trends verstärken (z.B. treten erneuerbare Energieträger als Alternative zu Erdöl immer mehr in das Bewusstsein der Öffentlichkeit).

- Die Unternehmensskandale (Enron[156], Worldcom, Parmalat) und der Crash an den Aktienmärkten haben die Finanzmärkte beeinflusst und das Vertrauen der Anleger für lange Zeit erschüttert.

- Das Problem der ökologischen Unsicherheit durch den Klimawandel. Naturkatastrophen wie Stürme, Unwetter, Überschwemmungen bzw. Perioden der Trockenheit nehmen aufgrund des Auf- und Abbaues von Energie in den Elementen Luft und Wasser stetig zu. Die daraus resultierenden materiellen und finanziellen Belastungen gehen zu Lasten der Volkswirtschaft und werden bislang kaum von den eigentlichen Verursachern getragen. Der amerikanische Wissenschaftler Peter Kinder bestätigt in seinem Vortrag beim internationalen Klimakongress *Klima X* in Hartberg, dass „Investitionen in saubere Energie und den Klimaschutz in den nächsten Jahren von hohen Energiepreisen, steigendem Bedarf und höherem Bewusstsein für

[155] Quellen: Stanley Morgan, oekom research, Deutsches Aktieninstitut, software-systems, Bundesministerium BMU, Sarasin, Sustainable Business Institut.

[156] Am Beispiel Enron wurden Bilanzmanipulationen und korrupte Machenschaften die um den gesamten Erdball reichen festgestellt, wobei am Ende 21.000 Mitarbeiter ihren Arbeitsplatz verloren

Klimarisiken profitieren werden. (...) Sie bringen ökologisch als auch ökonomisch Profit."[157]

- Der bedenkliche Trend wachsender sozialer Spannungen. Sie werden durch ungleichmäßige wirtschaftliche Entwicklungen, Armut und Hunger verstärkt. Die Tendenz geht dahin, dass der vermögende Teil der Bevölkerung noch reicher wird und die Benachteiligten immer ärmer.

- Das Misstrauen gegenüber dem Bereich der Lebensmittelproduktion – verursacht durch Seuchen wie BSE und H5N1 oder durch Genmanipulation – verstärkt das Thema des „gesunden Lebens" und steigert die Nachfrage nach ökologischen Lebensmitteln.

Die beschriebenen Tatsachen rücken immer stärker ins öffentliche Bewusstsein und deuten auf veränderte Voraussetzungen für das Anlageverhalten hin. Die Anleger haben aus der Vergangenheit gelernt und haben die Erfahrung machen können, dass sie Einfluss auf die Unternehmenspolitik nehmen können, und auch nehmen müssen. Die Tatsachen lassen erkennen, dass Geldanlage ohne ethische Einbettung auch den langfristigen Interessen der Anleger schadet.[158]

4.2.2 Bedeutung ethisch-nachhaltiger Investments für...

4.2.2.1 ...die Unternehmer

Die Vermarktung der Anteile von ethisch orientierten Unternehmen als ethisch-nachhaltige Geldanlage hat zahlreiche positive Effekte:[159]

- Das Image wird gestärkt und der Bekanntheitsgrad erhöht (vor allem durch die Aufnahmen in einen Index).

- Potentielle Erhöhung des Kaufinteresses an den Unternehmensprodukten.

---

[157] Hofer H. [Unternehmen profitieren von Investitionen in Klimaschutz 2006], S.3.

[158] Vgl. Brodbeck [Gewinn und Moral 2006], S.110f.

[159] Vgl. hierzu und im folgenden BMU [Mehr Wert 2000], S.10, und o.V. [Vom Mehrwert des Gutseins 2004], S.24 und Wilke [Ethisch-ökologisches Investment 2002], S.17.

- Die Stakeholder treten in den Vordergrund. Die Motivation und Einsatzbereitschaft der Mitarbeiter wird erhöht und damit auch die Kundenbindung und der Unternehmenserfolg.

- Erhöhung des öffentlichen Ansehens festigt die finanzielle Lage des Unternehmens. Der Zugang zum Kapital wird erleichtert und die Kapitalbeschaffungskosten sinken. Bei den Kreditinstituten wächst die Überzeugung, dass Nachhaltigkeit zu einem wesentlichen Erfolgsfaktor für Unternehmen auf dem Finanzmarkt wird.[160]

Aus diesen Punkten ist ersichtlich, dass eine nachhaltige Unternehmensentwicklung mit einer profitablen Unternehmensführung gleichgesetzt werden kann, und dies zu einer Erhöhung des ökonomischen Erfolges führen kann.[161] Durch eine Sustainability-Strategie können Chancen ergriffen werden, die zu neuen Geschäftsfeldern (z.B. Anbieter biologischer Lebensmittel), neuen Finanzierungsperspektiven und Wettbewerbsvorteilen an den Finanzmärkten führen.[162] „Zumindest langfristig kann man davon ausgehen, dass Unternehmen, die sich ihrer Verantwortung für Umwelt und Gesellschaft stellen, auch wirtschaftlich erfolgreicher sind.“[163]

4.2.2.2 …die Umwelt

Vor allem die direkte Finanzierung von Umweltprojekten und neuer ökologisch orientierter Unternehmen kann zur Verbesserung der Umweltsituation beitragen. Hierbei haben neu ausgegebene Aktien, Direktbeteiligungen und Spareinlagen die stärkste ökologische Wirkung (siehe Kapitel 4.3.2). Zahlreiche ökologisch vorteilhafte Produkte (z.B. im Bereich der regenerativen Energiequellen) wären ohne ökologische Geldanlagen nie auf den Markt gekommen.[164]

4.2.2.3 … die Anleger

Neben der (möglichen[165]) Rendite als Grundnutzen, stiften ethische Geldanlagen einen Zusatznutzen in Form von *Selbstachtungs-* bzw. *psychologischen Nutzen.*[166] Erträge

---

[160] Vgl. Hoffmann/Scherhorn [Saubere Gewinne 2002], S.56.

[161] Vgl. Pinner [Etische Investments 2003], S.96.

[162] Vgl. Rosinski [Sustainable Finance 2001], S.116.

[163] Plinke [Aktienperformance und Nachhaltigkeit 2002], S.4.

[164] Vgl. BMU [Mehr Wert 2000], S.9.

[165] Es können nur die in der Vergangenheit erzielten Renditen betrachtet werden; Aussagen über zukünftige Renditen sind nicht möglich.

können durch Investitionen und Veranlagungen erwirtschaftet werden, die mit den moralischen Prinzipien der Anleger übereinstimmen und nicht auf Kosten der Menschen und Umwelt erzielt werden.[167] Die ethisch orientierten Anleger wollen sich jedoch mit ihrer Geldanlage nicht nur identifizieren können, sondern sie aktiv verwenden, um:[168]

- die Entwicklung umweltfreundlicher Technologien und Produkte zu fördern;
- eine wirtschaftliche Entwicklung zu unterstützen, die sich an einen langfristigen Umweltschutz orientiert (umweltorientierte Unternehmen stärken);
- über Öko-Fonds Einfluss auf ökologisch bedenkliche Unternehmensaktivitäten zu nehmen[169];
- an einer Steigerung der allgemeinen Lebensqualität mitzuhelfen.

4.2.2.4 … die Finanzmärkte

Der Bedeutung der Nachhaltigkeits-Aspekte wird von den Finanzmärkten zwar immer stärker wahrgenommen, jedoch besteht nach wie vor ein großes Potential. Durch die folgenden Faktoren sollte es zu einer stärkeren Berücksichtigung der Nachhaltigkeit durch die Finanzmarktakteure kommen:[170]

- Da die Nachhaltigkeitsaspekte zu einer erheblichen Veränderung der Kosten- und Ertragsstruktur des Unternehmens führen, sind sie finanzmarktrelevant.
- Umweltrisiken tragen das systematische Risiko. Dies ist durch die klassische Portfoliodiversifizierung kaum zu begrenzen.
- Nachhaltigkeitsaspekte (z.B. Umweltprobleme) beeinflussen vor allem Banken und Versicherungen stark, da sie die Effektivität ihrer klassischen Risikomanagementinstrumente verringern.

---

[166] Vgl. Möhrle [Erfolgreiche Vermarktung von Öko-Fonds jenseits der Nische 2002], S.56.

[167] Vgl. Berndt/Jiricka [Ethische Veranlagung – wozu? 2001], S.12.

[168] Vgl. hierzu und im folgenden BMU [Mehr Wert 2000], S.9.

[169] „Engagement“ und „Shareholder-Activism“ sind hier die beiden Schlagworte

[170] Vgl. hierzu und im folgenden Schaltegger/Figge [Finanzmärkte 1999], S.296f. zitiert nach Rosinski [Sustainable Finance 2001], S.26.

4.2.3 Kritik an ethisch-nachhaltigen Investments

Einem Vergleich mit der Realität halten diese Argumente jedoch nicht ganz stand:[171]

- Es ist besonders zu erwähnen, dass ein Großteil der Investments Aktien betrifft, die bereits am Markt gehandelt werden (also keine Neuemissionen sind) und die den Unternehmen nicht direkt zugute kommen. Das Geld erhält, wer das Wertpapier verkauft, und der Anleger erfährt nicht wofür das investierte Geld verwendet wird. Außerdem finanzieren sich erfolgreiche Unternehmen hauptsächlich über Fremdkapital (Anleihen und Darlehen) und/oder über ihre selbst erwirtschafteten Mittel.

- An dem Argument über einen Öko-Fonds auf die Unternehmenspolitik Einfluss nehmen zu können, sind nur wenige Anleger (13,7%) interessiert.[172] Außerdem widerspricht es ja auch teilweise der Anlagestrategie, da ja in bereits „saubere" Unternehmen investiert werden sollte.

- Die Rentabilität ist und bleibt nach wie vor das wichtigste Kriterium einer Investition. Liegt die Rendite einer Umweltinvestition unter der risikolosen Rendite, so müsste sie unterbleiben. Aufgrund der Kapitalströme, die sich auf deregulierten Finanzmärkten ohne reale Wertschöpfung vermehren können, werden diese Zinssätze künstlich hoch gehalten und erschweren die langfristig sinnvollen Umweltinvestitionen.

- Den Beitrag den ethisch-nachhaltige Investoren zu einer Entwicklung in Richtung Nachhaltigkeit leisten können, wird ziemlich überschätzt. Bei unzähligen Unternehmen ist ein großer Nachholbedarf im Bereich der Ökoeffizienz gegeben.

Abschließend ist zu sagen, dass sich der Widerspruch zwischen moralischem Anspruch und hoher Rendite doch nicht so einfach beseitigen lässt. „Ethisches Investieren ist kein eierlegendes Wollmilchschwein, das alle Stakeholder befriedigt, sondern oft nur ein Kompromiss zwischen Eigennutzen und Gewissen."[173]

---

[171] Vgl. hierzu und im folgenden Poth [Mehr Parfüm als Substanz 2002], o.S.

[172] Lt. einer Umfrage der Online-Zeitschrift *Ecoreporter.de* Ende 2000

[173] Poth [Mehr Parfüm als Substanz 2002], o.S.

Im folgenden Kapitel werden die Argumente zur Wertentwicklung, die für eine traditionelle Veranlagung bzw. für eine ethisch-nachhaltige Veranlagung sprechen, tabellarisch gegenübergestellt.

4.2.4 Argumente pro und contra ethisch-nachhaltiger Investments

Die folgende Tabelle zeigt zusammenfassend bereits erwähnte als auch neue Aussagen, die für und gegen eine ethisch-nachhaltige Veranlagung sprechen.[174]

Wertentwicklung ist ***schlechter*** als bei traditionellen Geldanlagen:	Wertentwicklung ist ***gleich/besser*** als bei traditionellen Geldanlagen:
Die Berücksichtigung sozialer und/oder ökologischer Kriterien verursacht direkt und indirekt Kosten, was sich negativ auf Gewinn und Shareholder-Value auswirkt.[175]	- soziales und ökologisches Positivimage ermöglicht eine Hochpreispolitik. - Vorreiterrolle kann vor negativen rechtlichen Konsequenzen schützen. - Erleichterung der Kapitalbeschaffung durch ethisch-nachhaltig orientierte Anleger. - Banken achten bei Kreditvergabe auf ökologische Risiken (z.B. Altlasten). - Geringerer Rohstoffverbrauch kann die Kosten senken.
Die Shareholder-Value Ansatz ist lukrativer als der Stakeholder-Value Ansatz, da die Gewinne nicht mehrmals aufgeteilt werden müssen.	*Langfristig* ist eine eindimensionale Orientierung nur an den Aktionären suboptimal und verursacht in einer komplexen, vielschichtigen Gesellschaft keine nachhaltigen Erfolge.
Nur eine aggressive Geschäftspolitik, die den Begriff Nachhaltigkeit nicht berücksichtigt, hat überdurchschnittlichen Erfolg.	Eine aggressive Geschäftspolitik kann zu Negativimage führen (erschwert die Kundenbindung und damit die Erhöhung des Unternehmenswertsteigerung).

[174] Vgl. hierzu und im folgenden Grieble [Ethisch-ökologische Geldanlage 2001], S.93f. und Pinner [Etische Investments 2003], S.24.f.

[175] Dem widerspricht vor allem die Auswertungen von *Orlitzky/Schmidt/Rynes* die Anhand von 52 Studien eine Meta-Analyse durchführten und zum Ergebnis kamen, dass die unternehmerische soziale und finanzielle Performance positiv korrelieren. Ein geringerer, aber ebenfalls positiver Zusammenhang ergibt sich danach außerdem zwischen ökologischer und finanzieller Performance. Vgl. Orlitzky/Schmidt/Rynes [Corporate Social and Financial Performance], S.413ff.

Das Anlageuniversum in der ethisch-nachhaltigen Veranlagung ist auf Branchen und Unternehmen beschränkt. Es ergeben sich erhöhte Schwankungsrisiken, und geringere Diversifikationsmöglichkeiten im Portfolio.	Die vorhandenen ethisch-ökologischen Anlagemöglichkeiten reichen für eine sinnvolle Portfoliozusammenstellung aus. Eine noch höhere Anzahl bringt keine wesentlichen Differenzierungsvorteile. Die Theorie der erhöhten Risiken wird durch historische Daten widerlegt.
Ethisch-nachhaltig orientierte Unternehmen sind oft Small-Caps, und zeigen in bestimmten Börsephasen eine unterproportionale Wertentwicklung.	Small-Caps zeigen in bestimmten Börsephasen eine überdurchschnittliche Entwicklung. Ethisch-nachhaltige Portfolios müssen nicht nur aus Small-Caps bestehen.
Den ethisch-nachhaltigen Investments fehlt eine „Kapitalmarktinfrastruktur“: (z.B. eigene Börsensegmente, Benchmarks, Indizes, anerkannte Ratings).	Die Entwicklung einer kapitalmarkttechnischen Infrastruktur war in den letzten Jahren äußerst dynamisch. Die Entwicklung von Indizes und Ratings wurde vorangetrieben.
Rating- und Researchkosten verringern die Rendite.	Auch bei traditionellen Veranlagungen entstehen Rating- und Researchkosten.

Quelle: Grieble [Ethisch-ökologische Geldanlage 2001], S.93f. (leicht modifiziert)

Tab.1: Argumente zur Wertentwicklung ethisch-nachhaltiger Geldanlagen

4.3 Ethisch-nachhaltige Anlageformen

4.3.1 Magisches Viereck der Geldanlage

Die drei klassischen Faktoren, die in den allermeisten Fällen die Auswahl einer geeigneten Geldanlage bestimmen sind *Sicherheit*, *Rendite* und *Verfügbarkeit* und sind unter dem Begriff „Magisches Dreieck“ bekannt. Zwischen den einzelnen Zielen bestehen Trade-offs[176], da es keine Geldanlage gibt, in der alle drei Faktoren zugleich optimal realisiert sind.[177] Es geht z.B. eine gewünschte hohe Rendite zu Lasten des Risikos bzw. zu einer schnellen Verfügbarkeit. Ethische Zielsetzungen bleiben hierbei üblicherweise

[176] Unter *Trade-off* versteht man eine negative wechselseitige Abhängigkeit zweier Aspekte.

[177] Vgl. Schneeweiß [Kursbuch ethische Geldanlage 2002], S.15.

unberücksichtigt, denn „höhere Werte“ lassen sich im magischen Dreieck nicht abbilden.[178]

Mit dem Miteinbeziehen von ethisch-nachhaltigen Zielen tritt eine weitere Ebene zum Dreieck hinzu. Das magische Dreieck wird zum Viereck, das um Ethik-Themen wie Soziales Humanes und Ökologie erweitert wird[179]

Ob der Faktor der *ethischen Verantwortung* auch dem Trade-off unterliegt, wird wie bereits berichtet in der Literatur kontrovers behandelt.

Manche Studien (siehe Kapitel 5.6) haben ergeben, dass eine Berücksichtigung ethischer Verantwortung zu keinerlei Einbußen bei der Rendite führen muss[180], andere wiederum sprechen von einem erhöhten Risiko bei ethisch-orientierten Veranlagungen.[181]

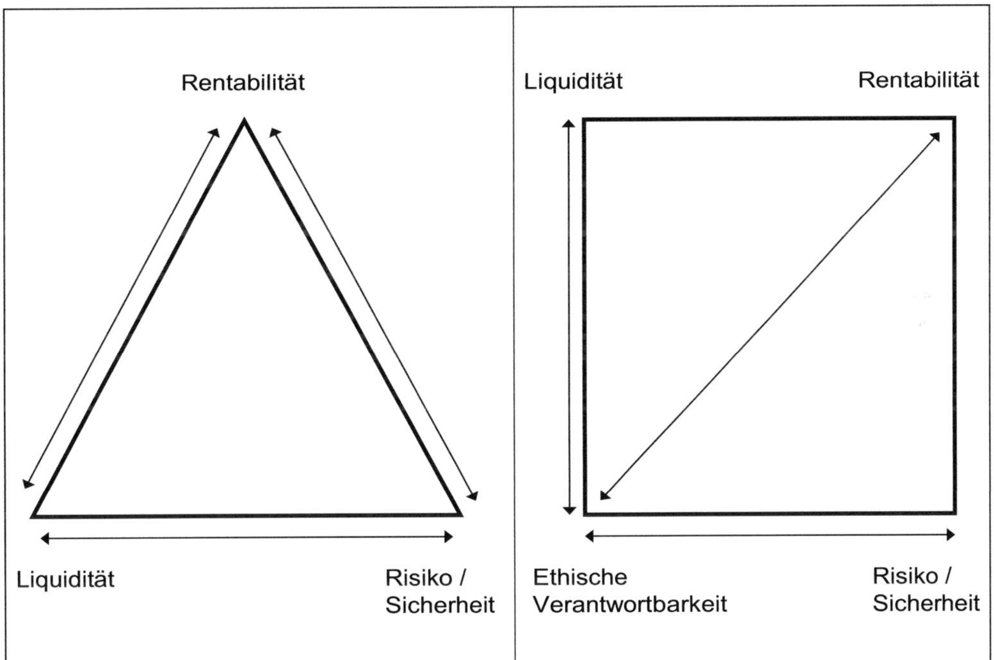

Quelle: Friesenbichler/Reithofer [Kriterien der ethischen Veranlagung 2001], S.68ff. in Sallmutter/ Freyschlag (Hrsg.) [Ethische Investments] S.67-78

Abb.6: Magisches Dreieck und Magisches Viereck

---

[178] Vgl. Friesenbichler/Reithofer [Kriterien ethischer Veranlagung 2001], S.68.

[179] Vgl. Friesenbichler/Reithofer [Kriterien ethischer Veranlagung 2001], S.68.

[180] Vgl. Grieble [Ethisch-ökologische Geldanlage 2001], S.89ff.

[181] Vgl. o.V. [Rendite mit gutem Gewissen 2005], S.19.

Ein erhöhtes Risiko bei ethischen Geldanlagen darf jedoch nicht verallgemeinert werden, da das Chance-Risiko-Verhältnis sowohl bei traditionellen, als auch ethischer Veranlagung vom Anlageprodukt in welches investiert wird und von der Zusammenstellung des Portfolios, abhängig ist.[182]

4.3.2 Anlageformen und deren Wirkung

In diesem Abschnitt folgen eine Erklärung der wichtigsten ethischen Geldanlagemöglichkeiten, deren Wirkung und ein Blick auf das Angebot am österreichischen Markt.

4.3.2.1 Bankeinlagen

Unter dem Begriff der Bankeinlagen werden hier Sparbriefe, -konten und Termingelder verstanden. Sie stehen den Banken für eine bestimmte Zeit zur Verfügung und werden für die Vergabe von Krediten an eigene Kunden, zum Verleihen an andere Kunden und für verschiedene Beteiligungs-, Wertpapier- und Devisengeschäfte verwendet. Wem oder wozu das Geld des Sparers zur Verfügung gestellt wird, ist meistens kaum ersichtlich und die Kreditvergabe unterliegt keinerlei ethischen Kriterien.[183]

Anders ist dies bei den ***Alternativbanken***, da die ihre Kredite an ein ökologisch und sozial orientiertes Publikum vergeben und ethische Ausschlusskriterien berücksichtigen. Die Einhaltung der selbst genannten Kriterien wird von verschiedenen Gremien überwacht.[184] Die Umwelt profitiert dadurch einerseits, dass umweltverträgliche Vorhaben die notwendige Finanzierung erhalten und andererseits, dass das Geld nicht in ökologisch stark bedenkliche Projekte[185] eingesetzt wird.[186]

Als Beispiele für „Grüne Banken“ können erwähnt werden: *Alternative Bank Schweiz* (Olten); *Freie Gemeinschaftsbank* (Basel); *GLS Gemeinschaftsbank* (Bochum); *Um-*

---

[182] Vgl. o.V. [Sauberes Gewissen mit grünen Fonds 2006], S.18.

[183] Vgl. Schneeweiß [Kursbuch ethische Geldanlage 2002], S.21ff.

[184] Vgl. Deml/May [Grünes Geld 2005], S.8.

[185] Als Beispiel kann hier die Finanzierung des Drei-Schluchten-Staudammes in China erwähnt werden, die großteils über die Aufnahme von Krediten bei weltweit operierenden Großbanken entstand. Exper ten warnten jedoch eindringlich vor den ökologischen und sozialen Folgen und Gefahren dieses Projektes.

[186] Vgl. BMU [Mehr Wert 2000], S.38ff.

weltbank AG (Nürnberg).[187]

In Österreich sind derzeit noch keine ausschließlichen Umweltbanken vorhanden.[188]

4.3.2.2 Direktbeteiligungen

Unter den Direktbeteiligungen versteht man Investments, die ***direkt*** ökologischen Projekten zugute kommen. Die meisten Angebote dafür beziehen sich auf den Bereich der alternativen Energieerzeugung. (z.B. Windparks, solarthermische Kraftwerken, Wasserkraftwerke). Die Beteiligung erfolgt als Kommanditist, stiller Gesellschafter oder Gesellschafter einer Gesellschaft bürgerlichen Rechts und da sie mit einem erhöhten Risiko verbunden ist, eignet sie sich als langfristige Beteiligung.[189] Die Angebotsprospekte müssen sorgfältig geprüft werden, denn mit einer Direktbeteiligung wird man selbst zum Unternehmer – mit allen Chancen und Risiken.[190]

Insbesondere „Wagniskapital" wird bewusst riskiert, um neue Projekte oder Unternehmen zu finanzieren. Leider scheitern viele dieser Projekte bereits in den ersten zwei bis vier Jahren, jedoch sind andererseits die Gewinnaussichten der Pionier-Investoren sehr hoch, wenn die Geschäftsidee am Markt gut ankommt.[191]

Aus ökologischer Sicht ist der Vorteil von Direktbeteiligungen darin zu sehen, dass das investierte Geld ***direkt*** in die Gründung neuer ökologisch und sozial orientierter Unternehmen oder umweltfreundlicher Projekte fließt. Der Investor kann den Umweltnutzen seiner Geldanlage klar erkennen und einschätzen.[192]

In Österreich ist der Markt für *ökologische Direktbeteiligungen* noch relativ schwach. Werden die Angebote in der breiten Öffentlichkeit vermarktet, muss ein Prospekt nach österreichischem Kapitalmarktgesetz (KMG) von der Kontrollbank überprüft und bei ihr hinterlegt werden. Derzeit hat nur die *Donauwind GmbH & Co KG* als einziger ökologischer Anbieter die Prospektkontrolle durchführen lassen. Ohne staatliche

---

[187] Vgl. Rotthaus [Grüne Geldanlagen 2001], S.77ff. und Deml/May [Grünes Geld 2005], S.9ff.

[188] Vgl. Deml/May [Grünes Geld 2005], S.207.

[189] Vgl. BMU [Mehr Wert 2000], S.36 und 58.

[190] Vgl. Deml/May [Grünes Geld 2005], S.32.

[191] Vgl. Deml/May [Grünes Geld 2005], S.158.

[192] Vgl. BMU [Mehr Wert 2000], S.36.

Prospektkontrolle werden die so genannten *Bürgerbeteiligungsmodelle an Projekten* vermarktet, und deshalb ist ein Vertrieb an die breite Öffentlichkeit nicht erlaubt.[193]

4.3.2.3 Lebensversicherungen

Aufgrund der steuerlichen Begünstigung sind die Lebensversicherungen als Kapitalanlage sehr beliebt und weiterhin im Steigen.[194]

Die häufigste Form der ökologischen Lebensversicherungen sind die *fondsgebundenen „grünen" Lebensversicherungen*, bei denen das bereitgestellte Kapital in Öko-Fonds angelegt wird. Die Höhe der ausbezahlten Rendite ist von der Entwicklung des Fonds abhängig. Bei den *ökologisch orientierten Kapitalanlageversicherungen* werden die vom Kunden eingezahlten Gelder nach ökologischen Kriterien angelegt, und das Versicherungsunternehmen garantiert hierbei eine Mindestverzinsung.[195]

In Österreich gibt es derzeit zwei ökologisch ausgerichtete Lebensversicherungen: die *Continenteale Österreich* und die *Skandia Lebensversicherung.*[196]

4.3.2.4 Anleihen

Der Emittent von Anleihen[197] ist verpflichtet, dem Anleger in der Regel jährlich Zinszahlungen und am Ende der Laufzeit das eingezahlte Kapital zu bezahlen. Es besteht jedoch auch die Möglichkeit, über die Gelder, die in Anleihen investiert worden sind, vor Ende der Laufzeit zu verfügen, da sie täglich am Rentenmarkt an der Börse gehandelt werden. Als Emittenten kommen vor allem Staaten, Großunternehmen, Banken und Organisationen in Frage.[198]

Um die ökologischen und sozialen Folgen einer Geldanlage in Anleihen einschätzen zu können, müssen die Aktivitäten der Emittenten betrachtet werden. Die Überprüfung der Ethik eines Rentenpapiers ist gut möglich, da jeder Emittent bei Publikation der Anleihe einen Emissionsprospekt veröffentlichen muss, in dem er sich und seine Projekte vorstellt. Außerdem wird ein jährlicher Geschäftsbericht veröffentlicht, der über die

---

[193] Vgl. o.V. [Anlageformen 2005], o.S.

[194] Vgl. Schneeweiß [Kursbuch ethische Geldanlage 2002], S.58.

[195] Vgl. BMU [Mehr Wert 2000], S.32f.

[196] Vgl. o.V. [A2006], o.S.

[197] Anleihen werden auch (fest-)verzinsliche Wertpapiere, Rentenpapiere und Obligationen genannt.

[198] Vgl. Schneeweiß [Kursbuch ethische Geldanlage 2002], S.33ff.

derzeitigen Aktivitäten des Emittenten informiert.[199] Die Konditionen bezüglich Rentabilität, Sicherheit und Liquidität sind von konventionellen und ethischen Rentenpapieren identisch.[200]

Da im deutschsprachigen Raum keine Börse für ethische Rentenpapiere existiert, müssen sich die Anleger gezielt auf die Suche nach ihnen begeben. Zur Beurteilung der Bonität des Emittenten kann auf Finanzratings[201] zurückgegriffen werden und für die Einschätzung des Umweltprofils geben *Umweltberichte*, *Umweltkennzeichen*, *Fachliteratur* und *Öko-Ratings* Auskunft.[202]

In Österreich haben die Umweltanleihen der *Kommunalkredit Austria AG* eine Vorreiterrolle eingenommen und gelten als vorbildliches Instrument der Finanzierung von umweltverbessernden Maßnahmen.[203]

Beim Erwerb von ethischen Anleihen gilt jedoch folgendes zu beachten: Mit dem Erwerb ist keinerlei direkte[204] Einflussnahmen auf die umweltrelevante Geschäftspolitik des Emittenten möglich.[205] Dies ist bei Aktien anders.

4.3.2.5 Aktien

Aktien werden aufgrund ihrer meist recht hohen Renditen immer gefragter, jedoch muss man gleichzeitig auch in Bezug auf Sicherheit[206] und Liquidität Einschränkungen in Kauf nehmen können.

Ein Konkurs[207] des beteiligten Unternehmens kann nie ganz ausgeschlossen werden und die Liquidität ist vor allem beim außerbörslichen Handel von Aktien mitunter be-

---

[199] Vgl. Schneeweiß [Kursbuch ethische Geldanlage 2002], S.42f. und BMU [Mehr Wert 2000], S.30.

[200] Vgl. BMU [Mehr Wert 2000], S.30.

[201] Die beiden US-amerikanischen Finanzratingagenturen *Standard & Poors* und *Moodys* geben Auskunft über die Bonität der Emittenten und geben hinsichtlich ihrer Zahlungsfähigkeit Noten von „AAA“ bis „D“ (wobei „D“ ein Hinweis auf drohende Zahlungsunfähigkeit ist).

[202] Vgl. BMU [Mehr Wert 2000], S.30f.

[203] Vgl. o.V. [Anlageformen 2005], o.S.

[204] Es können jedoch *indirekte* Effekte, wie sie beim Kauf von ethischen Aktien auftreten, entstehen (z.B. Imageverbesserung, leichtere Kapitalbeschaffung…).

[205] Vgl. Schneeweiß [Kursbuch ethische Geldanlage 2002], S.43.

[206] Die Erträge des Aktionärs können bei einer schlechten Geschäftslage auch deutlich unterhalb der Rendite einer Anleihe liegen.

[207] Bei einem Konkurs werden die Besitzer von Anleihen und andere Gläubiger vorrangig vor den

schränkt.[208] Für den ethisch orientierten Investor finden sich gerade unter diesen kleinen, nicht börsennotierten Aktiengesellschaften eine Reihe interessanter Unternehmen mit einer konsequenten ökologischen Ausrichtung („grüne Pioniere").[209]

Nachhaltigkeitsaktiengesellschaften sind keine spezielle Anlagegruppe, die an der Börse gesondert gehandelt werden. Der Sammelbegriff „grüne Aktien" bezieht sich vielmehr auf Aktien verschiedener Kategorien von Unternehmen wie z.B.:[210]

- ***Umwelttechnik-Unternehmen*** (Umwelttechnologieproduzenten und Unternehmen aus dem Entsorgungsbereich; z.B. die österreichische *Best Water Technology (BWT) AG*)

- ***Grüne Pioniere*** (junge Unternehmen, die für existierende Produkte bzw. Produktverfahren umweltfreundliche Alternativen entwickeln; Unternehmen deren Produktionsabläufe und Produkte sehr geringe Umweltbelastungen verursachen; z.B. *SolarWorld AG*)

- ***Öko-Leader***[211] (Unternehmen, die relativ zu anderen ihrer Branche geringere Umweltbelastungen verursachen. z.B. *Henkel*)

Hinsichtlich der Wirkung nachhaltiger Aktien kann zwischen einer ***direkten*** und einer ***indirekten Wirkung*** unterschieden werden.

Beim Kauf „junger" Aktien – durch eine Neuemission oder Kapitalerhöhung – fließt das Geld der Anleger ***direkt*** der Aktiengesellschaft zu und bildet eine Basis für die Finanzierung der Unternehmenstätigkeiten.[212] Bei zahlreichen Neuemissionen im Umweltbereich waren auch Umwelt- oder Nachhaltigkeitsfonds beteiligt, womit das Geld der Fondsanleger teilweise direkt in neue „grüne" Unternehmen floss.[213] Eine weitere Möglichkeit der direkten Beeinflussung der Unternehmensführung ist das

---

Aktionären behandelt, die dann meist leer ausgehen.

[208] Vgl. BMU [Mehr Wert 2000], S.15.

[209] Vgl. Schneeweiß [Kursbuch ethische Geldanlage 2002], S.45.

[210] Vgl. hierzu und im folgenden BMU [Mehr Wert 2000], S.15ff.

[211] Öko-Leader entsprechen dem *Best-in-Class-Ansatz*. Siehe dazu Seite 54.

[212] Vgl. Rotthaus [Grüne Geldanlagen 2001], S.24.

[213] Vgl. Weber [Zukunftssicher anlegen 2001], S.31.

Stimmrecht auf der Jahreshauptversammlung. Leider wird dieses Recht im deutschsprachigen und europäischen Raum wenig genutzt, was auf eine Gleichgültigkeit der Aktionäre gegenüber der Geschäftspolitik schließen lässt. Meistens werden die Stimmrechte auf die Banken übertragen, die, trotz erheblicher Macht bis hin zu zahlreichen Sitzen in Aufsichtsräten, sich meistens nicht für die Umsetzung sozialer und ökologischer Ziele einsetzen.[214]

Neben der Finanzierungswirkung hat die Geldanlage in ethische Aktien auch ein Reihe ***indirekter*** Wirkungen:[215]

- Die Präsenz des Themas in der Öffentlichkeit erhöht die Sensibilität der Unternehmen für ökologische Fragen.
- Die Einstufung als ökologische / ethische Aktie bringt für das Unternehmen einen Imagevorteil.
- Manager ethischer Investmentfonds können durch kontinuierliche Nachfrage einen gewissen Einfluss auf die Unternehmensführung nehmen.[216]
- Die Nachfrage nach ethischen Aktien lässt deren Kurs steigen. Die Wirkungen daraus sind, dass
    - sich ein höherer Preis für zukünftige „junge Aktien" erzielen lässt,
    - eine Übernahme oder Fusion erschwert wird,
    - die Aufnahme von Fremdmitteln erleichtert wird,
    - sich ein Lern- und Nachahmungseffekt anderer Unternehmen ergibt. Neugründungen in dieser Branche werden leichter, da der Markt schneller und positiver reagiert.

---

[214] Vgl. Schneeweiß [Kursbuch ethische Geldanlage 2002], S.49f.

[215] Vgl. hierzu und im folgenden Rotthaus [Grüne Geldanlagen 2001], S.25f. und Weber [Zukunftssicher anlegen 2001], S.32.

[216] Von den ethisch orientierten Fondsgesellschaften wird diese Art der Kommunikation zwischen Anlegern und Unternehmen jedoch noch gering genutzt.

Der ***österreichische Aktienmarkt*** verfügt über einige Unternehmen, die sich in hohem Maße ökologisch und sozial orientieren. Die Aktien dieser Unternehmen werden im In- und Ausland als Nachhaltigkeitsaktien gehandelt und sie sind in verschiedenen Öko-Fonds enthalten. Bekannt sind vor allem die größeren Unternehmen, wie *Mayr-Melnhof Karton AG, Best Water Technology (BWT) AG, WEB Windenergie AG, BEB Bioenergie AG* und die *Oekostrom AG.*[217]

4.3.2.6 Investmentfonds

In Österreich ist die Öko-Szene in den vergangenen Jahren breiter geworden, auch wenn es noch kaum zugehörige Finanzdienstleister im engeren Sinn gibt. Den Markt dominieren die auch im Ausland bekannten milliardenschweren Umweltanleihen der Kommunalkredit Austria und einzelne börsennotierte Aktien. Neben den schon seit 1990 bestehenden Anlegergemeinschaften *Oicredit Austria* und *Öko-Investmentklub Austria* kam in den Jahren 2001/02 geradezu eine Welle von neuen ethisch-nachhaltigen Fonds verschiedener Banken und Kapitalanlagegesellschaften hinzu.[218]

Die Grundlagen, Funktionsweisen und Arten von Investmentfonds wurden bereits im Kapitel 2 und 3 ausführlich dargelegt. Im folgenden Kapitel werden nun besonders die Themen *Ansätze-*, *Volumen-*, *Transparenz-*, *Öko-Rating-* und *Indizes der ethisch-nachhaltigen Investmentfonds* durchleuchtet.

4.4 Ethisch-nachhaltige Investmentfonds

Die Anleger in ethisch-nachhaltige Investmentfonds müssen den Fondsmanagern vertrauen können, dass sie bei der Auswahl ähnliche Kriterien verwenden wie sie selbst. Und genau darin kann der Kern des Problems liegen, denn für „ethisch“ und „ökologisch“ gibt es keine allgemein gültige Definition. Für den einen Anleger genügt es, wenn das Unternehmen sich gegenüber den anderen Unternehmen in der Branche am ökologischsten verhält, andere wiederum lehnen Fonds kategorisch ab, die das Vermögen in Tabak-, Kernkraftwerk-, oder Rüstungsunternehmen investieren. Im Abschnitt 4.4.1 werden die unterschiedlichsten Ansätze erklärt, nach denen sich ein Fonds zusammenstellen lässt. Darauf folgt in Kapitel 4.4.2 eine grobe Unterteilung der

---

[217] Vgl. o.V. [Anlageformen 2005], o.S.

[218] Vgl. Deml/May [Grünes Geld 2005], S.206f.

ethisch-nachhaltigen Fonds in Unterkategorien und ein Exkurs zum Thema *Transparenz* in 4.4.3. Da es für die Anleger sehr schwer ist – um nicht zu sagen unmöglich – zu prüfen, ob der Herausgeber eines Papiers den jeweils gestellten Anforderungen in Sachen Ethik und Ökologie gerecht wird, können dies Anlagenprofis durch Bewertungsansätze (4.4.4) viel besser einschätzen. „Aber ein allgemein anerkanntes Öko- oder Ethik-Siegel …, an dem sich die Anleger orientieren könnten, gibt es bislang für Fonds noch nicht.“[219]

4.4.1 Ansätze ethisch-nachhaltiger Investmentfonds

Der Hintergrund der spezifischen Veranlagung in den einzelnen Fonds ist mitunter nicht immer sofort erkennbar. Die Unterscheidbarkeit kann sich nach *Positiv- und/oder Negativkriterien* und dem *„Best-in-Class“-Ansatz* richten, als auch nach einer *strengen* oder eher *schwachen* Anwendung der Kriterien.[220] Im Folgenden werden die prinzipiell denkbaren Strategien und Ansätze nach *Pinner*[221] dargestellt.

4.4.1.1 „Alles oder Nichts“

Dieser Ansatz wendet eine strikte Auslegung der Positiv- und/oder Negativkriterien an. Diese Strategie führt zu einer Einschränkung des Anlageuniversums und die Abweichung vom Gesamtmarkt steigt unter der Anwendung dieser Prinzipien deutlich an. Unter den ***Negativkriterien*** (auch *Ausschlusskriterien* genannt) versteht man negativ klassifizierte Bereiche bzw. für die Investition nicht zulässigen Wirtschaftszweige.[222] Unternehmen, die in diesen Bereichen und Wirtschaftszweigen tätig sind, werden von der Aufnahme in den Fonds ausgeschlossen. *Ethische Werte*, wie die Verurteilung von Gewalt, das Streben nach Gerechtigkeit und die Erhaltung unserer Lebensgrundlagen, betreffen alle Menschen und sollten deshalb in angemessener Weise in jedem Kriterienkatalog vorzufinden sein.[223] Beispiele für mögliche Negativkriterien sind:

---

[219] Luther [Fonds & Co 2006], S.32.

[220] Vgl. Pinner [Ethische Investments 2003], S.153.

[221] Vgl. hierzu und im folgenden Pinner [Ethische Investments 2003], S.153ff.

[222] Vgl. Deml/May [Grünes Geld 2005], S.87.

[223] Vgl. Schneeweiß [Grünes Geld und schwarze Schafe 2004], S.112.

- Abtreibung
- Alkohol
- Atomkraftwerke
- Ausbeutung von Umwelt, Mitarbeitern und Gesellschaft
- Automobilindustrie
- Bergbau
- Betrieb fossiler Kraftwerke
- Betrieb von Kernkraftwerken
- Biotechnologie
- Biozide
- Chlorchemie
- Diskriminierung von Frauen und Minderheiten
- Drogen
- Empfängnisverhütung
- Gefährliche Produkte
- Gentechnologie
- Glücksspiel
- Herstellung ozonabbauender Substanzen
- Beteiligung an Unternehmen mit Negativkriterien
- Kinderarbeit
- Korruption
- Massentierhaltung
- Menschenhandel
- Nicht nachhaltige Fischwirtschaft
- Nicht nachhaltige Forstwirtschaft
- Nukleartechnologie
- Öl
- Pelze
- Pornographie
- Prostitution
- Rüstung / Waffen
- Tabak
- Tierversuche
- Unterstützung von regressiver Regime
- Verstoß gegen rechtliche Bestimmungen
- Zwangsarbeit
- ... u.a.

Quelle: Pinner [Ethische Investments 2003] S.156

Abb.7: Beispiele für Negativkriterien

„Die [zahlreichen] ethischen Negativkriterien ... zeigen, dass es – abgesehen von den grundlegenden Menschenrechten – keine allgemeingültigen ethischen Kriterien gibt.“[224]

Bei den Ausschlusskriterien ist bedeutend, wo der Fonds die Grenzen definiert bzw. ob er überhaupt eine Grenze festsetzt.[225] Die Berücksichtigung von Ausschlusskriterien ist das wichtigste Unterscheidungsmerkmal zwischen ethischen und konventionellen Fonds. „Denn nur dann, wenn ein Unternehmen allein aus ethischen Gründen und völlig unabhängig von seiner wirtschaftlichen Situation von einer Investition ausgeschlossen wird, ist der Bruch mit dem traditionellen Verständnis von Geldanlagen, bei dem *allein* ökonomische Kriterien eine Rolle spielen dürfen, tatsächlich vollzogen.“[226] Dies heißt jedoch nicht, dass die finanzielle Performance außer Acht gelassen werden soll. „Keine Rendite von seiner Geldanlage zu erwarten ist unter ethischen Gesichtspunkten nicht

[224] Rotthaus [Grüne Geldanlagen 2001], S.27.

[225] Vgl. Weber [Zukunftssicher anlegen 2001], S.26.

[226] Schneeweiß [Kursbuch ethische Geldanlage 2002], S.92.

geboten ... und eine bloße Mildtätigkeit kann zwar die ethische Grundhaltung von Anlegern ausdrücken, aber nicht aktiv die Wandlung der Märkte unterstützen [!]"[227]

Unter ***Positivkriterien*** versteht man, dass das Fondskonzept Aktien jener Unternehmen bevorzugt, die aktiv zur Schonung der natürlichen Ressourcen und Umwelt beitragen (***ökologische Positivkriterien***) und die auch die sozialen Kriterien beachten (***soziale Positivkriterien***).[228] Beispiele für mögliche Positivkriterien sind:

- Abfallbeseitigung
- Alternativenergien
- Arbeitsplatzsicherheit
- Besondere Nutzen für die Gesellschaft
- Bildungsförderung
- Charity
- Corporate Citizenship
- Corporate Governance
- Einheitliche Arbeitsbedingungen
- Energie- und Wasserverbrauch
- Erneuerbare Energie
- Förderung von Frauen und Minderheiten
- Geringe Werte bei Umweltverschmutzung
- Herausragender Umgang mit Mitarbeitern
- Hochwertige Produkte
- Medizin/Gesundheitsvorsorge
- Mitarbeitermitbestimmung
- Öffentlicher Transport
- Offene Berichterstattung
- Produktsicherheit
- Recycling
- Ressourcenschonung
- Sichere Marktanteile auf Basis Stakeholder-Beziehungen
- Ausbildung/Training
- Umweltpolitik
- Umweltschutz
- Umwelttechnologische Führerschaft
- Wasseraufbereitung
- ...u.a.

Quelle: Pinner [Ethische Investments 2003], S.157

Abb.8: Beispiele für Positivkriterien

Laut dem Forschungsinstitut „*imug*" ist bei der Frage nach gewünschten Ausschlusskriterien die Kinderarbeit Kriterium Nummer eins. Des Weiteren wünschen sich die Anleger, dass Unternehmensaktien aus dem Bereich Rüstung (76,8%), Tierversuche (51,7%), und Gentechnik (42,7%) aus dem Anlageuniversum entfernt werden.[229]

[227] Ott [1997], S.254f. und Homolka [1991], S.81f. zitiert nach Grieble [Ethisch-ökologische Geldanlage 2001], S. 88.

[228] Vgl. Pinner [Ethische Investments 2003], S.81 und Schneeweiß [Kursbuch ethische Geldanlage 2002], S.95.

[229] Vgl. Stremlau [Ethisches Ivestment in Deutschland 2002], S.30.

Bei der Frage nach den Positivkriterien wünschen sich 87% der Anleger ein unternehmerisches Engagement im Umweltbereich, gefolgt von sozialen Leistungen für Mitarbeiter (59%), umfangreicher Informationspolitik und Rechten von Minderheiten (54,8%).[230]

4.4.1.2 „Öffnungsklauseln“

Öffnungsklauseln können die Strenge einer Strategie verringern. Es besteht die Möglichkeit einer Festlegung, dass ein gewisser Prozentsatz in problematischen Bereichen erwirtschaftet werden darf oder dass Minderheitsbeteiligungen unberücksichtigt bleiben (vor allem bei der Betrachtung von Großkonzernen mit einer Fülle von Tochter- und Enkelgesellschaften).[231]

4.4.1.3 „Best-in-Class“

Beim „Best-in-Class“-Ansatz werden die besten Untenehmen der jeweiligen Branchen in den Fonds aufgenommen, auch wenn prinzipiell die Gefahr besteht, dass sie in nicht ethisch-nachhaltigen Bereichen tätig sind.[232] Deshalb kann es vorkommen, dass in vermeintlich „grünen“ Fonds immer wieder Aktien von Rüstungs-, Chemie- und Ölkonzernen auftreten, die viele Anleger aus Umwelt- und Sozialaspekten lieber meiden würden.[233] Meistens wird der „Best-in-Class“-Ansatz zusätzlich mit Ausschlusskriterien verbunden, die dann bestimmte Branchen ausschließen.[234] Letztendlich trifft der Anleger selbst die Entscheidung in welche Fonds er investiert und muss sich von seinen ganz persönlichen Wertvorstellungen leiten lassen. Vor dem Kauf sollte der Anleger jedoch unbedingt einen Rechenschaftsbericht und den Jahresbericht des Fonds lesen, sowie die Bewertung einer Rating-Agentur einholen, um nicht später festzustellen, dass zwar „öko“ drauf steht, aber nicht wirklich drin ist.[235]

Durch den „Best-in-Class“-Ansatz kann insofern auch eine ethisch-ökologische Wirkung auf die gesamte Wirtschaft hergestellt werden, wenn durch das Verfahren ein

---

[230] Vgl. Stremlau [Ethisches Ivestment in Deutschland 2002], S.31.

[231] Vgl. Pinner [Ethische Investments 2003], S.154.

[232] Vgl. Pinner [Ethische Investments 2003], S.154.

[233] Vgl. Krebs [Vorsicht bei ethischen Geldanlagen 2006], S.8.

[234] Vgl. Pinner [Ethische Investments 2003], S.154. Man spricht dann auch vom *Best-of-Class-Ansatz*, bei dem die Unternehmen nur aus den nachhaltigsten Branchen gewählt werden.

[235] Vgl. Fraune [Ethische Investments 2006], S.11

positiver Wettbewerb unter den Unternehmen ausgelöst werden kann, um in einen ethisch-nachhaltigen Fonds aufgenommen zu werden.[236]

4.4.1.4 „Produktions- und Verbraucherzyklus"

Bei diesem Ansatz stehen die aktuellen oder potentiellen Probleme im Vordergrund. Hierbei geht es vor allem um die Betrachtung der Lieferantenseite, der Vorprodukte und um die zukünftige Verwendung von hergestellten Produkten oder Technologien. Dieser Ansatz ist eng mit dem „Alles-oder-Nichts" Ansatz verbunden.[237]

Die folgende Abbildung veranschaulicht die vier betrachteten Ansätze hinsichtlich ihrer Stärke der Nachhaltigkeit und der Abweichung vom Gesamtmarkt.

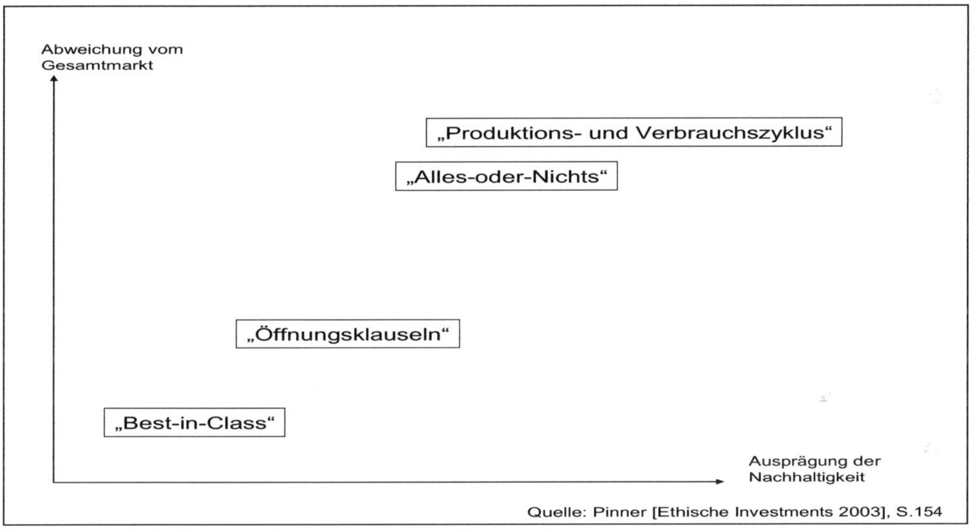

Abb.9: Ethisch-nachhaltige Ansätze

4.4.2 Volumen und Anzahl von ethisch-nachhaltigen Investmentfonds

Das Thema der Nachhaltigkeit erlangt aufgrund einer stark wachsenden Erdbevölkerung bei zugleich schrumpfenden Rohstoffvorräten sowie einer zunehmenden Umweltverschmutzung enorme Wichtigkeit.[238] Immer mehr Kapital fließt in ethisch-nachhaltige Investments, und vor allem die Beliebtheit von Fonds steigt von Jahr zu Jahr. Im Jahre 2004 betrug das Volumen der (Publikums-)Nachhaltigkeitsfonds in *Europa* noch geringe 9 Milliarden Euro, während es derzeit bereits ca. 35 Milliarden Euro beträgt.

[236] Vgl. Pinner [Ethische Investments 2003], S.158.

[237] Vgl. Pinner [Ethische Investments 2003], S.154.

[238] Vgl. Schramm [Ethisch korrekte Investmentfonds 2006], o.S.

Experten schätzen, dass der Betrag bis zum Jahre 2008 auf bis zu 170 Milliarden Euro ansteigen wird.[239]

Auch das Volumen der im *deutschsprachigen Raum* zugelassenen (Publikums-) Nachhaltigkeitsfonds hat in den letzten Jahren deutlich zugenommen. Gerade mal 300 Millionen Euro waren im Jahr 1996 veranlagt, Ende 2002 rund 2,5 Milliarden und 2006 waren es bereits mehr als 16 Milliarden Euro.[240] Der aktuellste Nachhaltigkeitsreport der Firma *Finance & Ethics Academy* beziffert das Volumen der Nachhaltigkeitsfonds im deutschsprachigen Raum auf 16,5 Milliarden Euro, was allein im Jahre 2006 einen Mittelzufluss von 50% bedeutet. Allein die Aktienfonds sammelten 5 Milliarden Euro ein, wobei New-Energy-Fonds und Ökologie-Fonds den größten Beitrag leisteten.[241] Im kommenden Jahr wird mit einer weiteren Verdoppelung der Nachhaltigkeitsfonds gerechnet.[242]

In Europa sind nicht weniger als 400 nachhaltige Publikumsfonds zugelassen und im deutschsprachigen Raum beträgt die Zahl der zugelassenen Fonds um die 130. Der Anteil, der in Europa zugelassenen ethisch-nachhaltigen Fonds an der Gesamtheit europäischer Publikumsfonds, beträgt jedoch lediglich 0,3 Prozent[243], doch die hohen Zuwachsraten veranlassen die Banken neue Fonds in diesem Bereich zum Vertrieb anzumelden.[244] Hier ist jedoch *Vorsicht* geboten, da vor allem die kleineren Fonds - unter dem Schwellwert von 20 Millionen Euro – meistens nur aus Gründen des Erfahrungsgewinns und des Images durch die Geldinstitute aufrechterhalten werden. Begriffe wie „ethisch", „nachhaltig", „ökologisch", „eco", „sustainable" und „sozial" werden oft nur als Namensgebung für eigentlich eher konventionelle Aktienfonds verwendet und eignen sich als Marketingkonzept.[245] Sie stellen bei der Fondsauswahl nur eine grobe

---

[239] Vgl. Schramm [Ethisch korrekte Investmentfonds 2006], o.S

[240] Vgl. Krebs [Vorsicht bei ethischen Geldanlagen 2006], S.8

[241] Vgl. Tschas [Nachhaltigkeitsreport 2006], o.S.

[242] Vgl. Jäger [Geschäft mit Gewissen 2006], S.34.

[243] Vgl. Eurosif [European SRI Study 2006], S. 5.

[244] Vgl. Gyomlay [Investieren in das Gute 2006], o.S.

[245] Vgl. Krebs [Vorsicht bei ethischen Geldanlagen 2006], S.8.

Hilfe dar, und für die endgültige Fondsauswahl müssen die Anlagegrundsätze, Positiv- und Negativkriterien genau studiert werden.[246]

Am internationalen Kapitalmarkt bleibt nach wie vor die USA das Maß aller Dinge, was ethisch-nachhaltige Veranlagungen betrifft. Über elf Prozent aller Investments werden dort nach der *Social Responsible Investment (SRI)-Anlagepolitik* veranlagt, was einem Anlagevolumen von 2180 Milliarden US-Dollar entspricht.[247] Wie Kapitel 4.1.2.1 zeigt, hat die moralische Geldanlage in den USA bereits eine lange Tradition.

4.4.3 „Vice-Funds" – Investitionen in das Böse

Jede Bewegung erzeugt eine Gegenbewegung und so sprießen vor allem in den USA die so genannten „*Vice-Funds*[248]" als Antwort auf den Boom der Ethik-Fonds. Sie konzentrieren sich auf Investitionen in Alkohol, Tabak, Glücksspiel und Rüstung.[249]

Die Gesamtzahl dieser unethischen Fondsprodukte[250] hält sich in Grenzen, da es weltweit nur eine Handvoll Portfolios gibt, die „sündige" Anteilsscheine ausgeben.[251] Die Performance des Vice-Funds zum Beispiel kann sich zwar sehen lassen, da er eine höhere Rendite als der Markt aufwies und auch besser als ausdrücklich auf moralisches Investieren ausgerichtete Produkte abschnitt. Jedoch sind die Laster-Fonds in punkto Fondsvolumen nur eine Randerscheinung. Der *Gaming and Casino Fund* als Beispiel verwaltet gerade mal drei Mio. Dollar und der Vice-Fund keine zehn Millionen – fast jeder Mini-Ethik-Fond in Österreich verfügt über mehr Investitionskapital.

4.4.4 Arten von ethisch-nachhaltigen Investmentfonds

Im Laufe der Geschichte von ethisch-nachhaltigen Investmentfonds gab es eine Unzahl unterschiedlichster Fondsarten und -klassen, und bis heute ist es aufgrund der fehlenden Definitionen schwierig, diese Fonds in genau abgegrenzte Unterkategorien einzuteilen. Im Folgenden wird eine denkbare Unterteilung ethisch-nachhaltiger Investmentfonds nach deren zeitlichen Auftreten durchgeführt.

---

[246] Vgl. Weber [Zukunftssicher anlegen 2001], S.27.

[247] Vgl. Krebs [Vorsicht bei ethischen Geldanlagen 2006], S.8.

[248] Zu Deutsch etwa „Böse Fonds".

[249] Vgl. o.V. [Vice is Nice 2004], S.30.

[250] Beispiele sind der Vice Fund oder der Gaming and Casino Fund.

[251] Vgl. hierzu und im folgenden Eckert [Fonds für das schlechte Gewissen 2007], o.S. sowie o.V.

4.4.4.1 Ethisch-Ökologische Fonds

Ethisch-Ökologische Fonds richten ihre Spezialisierung auf Soziales und/oder Umwelt aus, ohne spezifische Berücksichtigung der ökonomischen Faktoren.[252] Die erste Generation dieser Fonds arbeitet mit ethischen Negativlisten, die Unternehmen aufgrund einer Reihe von Kriterien ausschließen. Solche Negativkriterien sind z. B. die Diskriminierung von Frauen oder Minderheiten, Tierversuche, unverantwortliche Marketingmethoden und Kernkraft.[253] Des Weiteren zählen auch jene Fonds zu dieser Kategorie, die nach religiösen Maßstäben (z.B. nach islamischen oder christlichen Wertvorstellungen) ihr Portfolio zusammenstellen.[254]

Die zweite Generation ethisch-ökologischer Fonds berücksichtigt in ihren Investitionsentscheidungen auch das Thema des Umweltschutzes, wobei mittels Positivkriterien formuliert wird, dass bevorzugt Aktien von Unternehmen gekauft werden, die aktiv zur Schonung und Erhalt der natürlichen Ressourcen beitragen.[255] Die reinen Öko-Fonds lassen sich noch weiter in Umwelttechnologie- und Öko-Effizienzfonds unterteilen.[256]

Die Positiv- und Negativkriterien können von Fonds zu Fonds unterschiedlich streng ausgelegt sein. Nachweis über die Art und Strenge der angewendeten Kriterien geben die Geschäftsunterlagen wie Satzung, Emissionsprospekt und Geschäftsbericht sowie Öko-Ratings[257], die die Umweltleistung der Unternehmen ausdrücken.[258]

4.4.4.2 Umwelttechnologiefonds (New Energy Fonds)

Seit Anfang der neunziger Jahre werden im deutschsprachigen Raum ethische Investmentfonds aufgelegt. Hierbei spielte das Kriterium des Umweltschutzes von vornherein eine dominierende Rolle, und Fonds kamen auf den Markt, die sich auf den Umweltsektor spezialisiert hatten.[259] Die Umwelttechnologiefonds investieren in Unternehmen, die Güter und Dienstleistungen zur Behebung und Vermeidung von Umweltschäden

---

[Vice is Nice 2004], S.31.

252 Vgl. Pinner [Ethische Investments 2003], S.171.

253 Vgl. Gruber [Ethische Investments liegen im Trend 2001], S.96.

254 Vgl. Schoenheit/Grazek [Qualität von ethisch-ökologischen Fonds 2003], S.131.

255 Vgl. Schneeweiß [Kursbuch ethische Geldanlage 2002], S.91.

256 Vgl. Schoenheit/Grazek [Qualität von ethisch-ökologischen Fonds 2003], S.131.

257 Siehe Kapitel 4.4.6.1

258 Vgl. Weber [Zukunftssicher anlegen 2001], S.20.

259 Vgl. Schneeweiß [Mit gutem Gewissen an die Börse? 2004], S.128.

herstellen. Das Geld wird in Umwelttechniken wie z.B. im Bereich Abfallverwertung (Recyclinganlagen), Wasseraufbereitung und Alternativenergien (Windenergiehersteller, Solarenergieproduzenten...) angelegt.[260] Wenn diese Fonds jedoch keine zusätzlichen Negativkriterien anwenden, kann der Fall eintreten, dass nur versucht wird, hohe Gewinne in der Umweltbranche zu erzielen, auch wenn ein Unternehmen neben Filtern auch Rüstungsgüter herstellt.[261] Von ihrer Ausrichtung her sind diese Fonds eher als Branchenfonds einzustufen.[262]

4.4.4.3 Öko-Effizienz-Fonds

Hierbei wird der Fokus sowohl auf die Ökologie als auch auf die Ökonomie gelegt. Die Ökoeffizienz[263] ist das Maß, das die Umweltbelastung pro erwirtschaftete Geldeinheit misst.[264] Dieses Konzept[265] geht davon aus, dass der Umweltschutz in Unternehmen nicht nur Kostenfaktor ist, sondern durch den effizienten Einsatz von Ressourcen und umweltfreundlicher Produktgestaltung auch finanzielle Vorteile bringt. Die Investmentfonds konzentrieren sich bei ihrer Veranlagung auf die „Öko-Leader“ der jeweiligen Branche (*Best-in-Class-Ansatz*) und so kommt es vor, dass nicht nur in Ökounternehmen, sondern auch in Unternehmen, die den Umweltschutz im Sinne von Ökoeffizienz am weitesten umgesetzt haben, investiert wird.[266] Merkmale eines öko-effizienten Handelns sind z.B. die Verminderung des Material-, Energie- und Wasserverbrauchs, die Reduzierung toxischer Emissionen und die Erhöhung der Recyclingfähigkeit der Produkte und weitere Maßnahmen die negative Umweltauswirkungen reduzieren.[267] Anerkannt sind in diesem Zusammenhang Unternehmen wie Body Shop (Kosmetik), Timberland (Textilien) oder Whole Foods Market (Naturkosthandel), aber es können sich auch Firmen wie Deutsche Telekom, BMW oder Unilever in diesen Fonds wieder finden.[268] Öko-Effizienz-Fonds wenden neben dem Kriterium der Ökologie auch meist

---

260 Vgl. Gruber [Ethische Investments liegen im Trend 2001], S.94ff.

261 Vgl. Schneeweiß [Mit gutem Gewissen an die Börse? 2004], S.128.

262 Vgl. Luther [Fonds & Co. 2006], S.73.

263 Ökoeffizienz = geschaffener ökonomischer Wert / verursachte gesamte Umwelteinwirkung

264 Vgl. Weber [Zukunftssicher anlegen 2001], S.22.

265 Der Begriff des *Ökoeffizienz-Konzeptes* wurde 1992 vom World Business Council for Sustainable Development (WBCSD) geprägt und beim Weltumweltgipfel 1992 in Rio de Janeiro anerkannt.

266 Vgl. Schneeweiß [Mit gutem Gewissen an die Börse? 2004], S.128f.

267 Vgl. Schneeweiß [Kursbuch ethische Geldanlage 2002], S.92.

268 Vgl. Weber [Zukunftssicher anlegen 2001], S.22 und Gruber [Ethische Investments liegen im Trend

mehr oder weniger strenge Negativkriterien an, um zu verhindern, dass zum Beispiel das ökoeffizienteste Atomkraftwerk aufgenommen wird.[269]

4.4.4.4 Nachhaltigkeitsfonds

Eine weitere Entwicklung der ethisch-nachhaltigen Fonds stellt das Konzept der Nachhaltigkeitsfonds dar. Diese fokussieren nicht nur auf Ökologie und Ökonomie, sondern auch auf Soziales.[270] Berücksichtigt wird z.B. das Lohnsystem, das Verhalten bei Fusionen und Kündigungen, Kinderarbeit oder Korruption. Es wird auf den Stakeholder-Value-Ansatz eingegangen, und nicht nur wie üblich die Shareholder-Value-Gesichtspunkte betrachtet.[271] Kerngedanke dieser Fonds ist es, dass ein langfristiger Unternehmenserfolg heute nicht mehr allein von wirtschaftlichen Faktoren abhängt, sondern zunehmend auch von ökologischer und sozialer Kompetenz.[272]

Wie die Öko-Effizienz-Fonds arbeiten auch die Nachhaltigkeitsfonds mit dem „Best-in-Class"-Ansatz, jedoch werden meistens nur schwache Negativkriterien angewendet. Es werden Unternehmen in den Fonds aufgenommen, die in allen drei Bereichen überdurchschnittlich abschneiden und somit ein langfristig für Umwelt, Mensch und auch ökonomisch tragfähiges Wachstum erhoffen lassen.[273] Folglich kann es durch den „Best-in-Class"-Ansatz vorkommen, dass in Großunternehmen wie DaimlerChrysler, Bayer oder Royal Dutch investiert wird, solange diese sich innerhalb ihrer Branche unter den Besten positionieren können. Für manche ethisch orientierten Anleger ist dieser Anlagestil jedoch nicht vertretbar.

4.4.4.5 Ökopioniere

Im Jahre 2000 kamen schließlich eine Reihe junger Unternehmen auf den Markt, die in dem Bereich der regenerativen Energie Pionierarbeit leisteten. Ein Fondskonzept wurde entwickelt, dass sich auf kleinere und mittelgroße Ökopioniere konzentrierte, und vor allem Aktien von „Erneuerbare-Energie-Unternehmen" kaufte.[274] Im Vergleich zu Öko-

---

2001], S95.

[269] Vgl. Schneeweiß [Mit gutem Gewissen an die Börse? 2004], S.129.

[270] Vgl. Pinner [Ethische Investments 2003], S.171.

[271] Vgl. Gruber [Ethische Investments liegen im Trend 2001], S.97.

[272] Vgl. Weber [Zukunftssicher anlegen 2001], S.22.

[273] Vgl. Schneeweiß [Kursbuch ethische Geldanlage 2002], S.92.

[274] Vgl. Deml/May [Grünes Geld 2005], S.86.

Effizienz-Fonds und Nachhaltigkeitsfonds haben diese Fonds strenge Negativkriterien (z.B. Ausschluss von Rüstungsgeschäften) und anspruchsvolle Positivkriterien, die sowohl ökologische als auch soziale Belange berücksichtigen.[275] Durch die Auswahl kleinerer Unternehmen, ist diese Art der ethisch-nachhaltigen Fonds hinsichtlich der Performance risikoreicher, als solche die auch in Großunternehmen investieren.[276]

Die Gattungen der ethisch-nachhaltigen Fonds können sich teilweise überlappen, was verdeutlicht, wie schwer eine Abgrenzung und Zuteilung von Aktien sein kann.[277] Eine mögliche Typologisierung dieser Investmentfonds zeigt die folgende Abbildung.

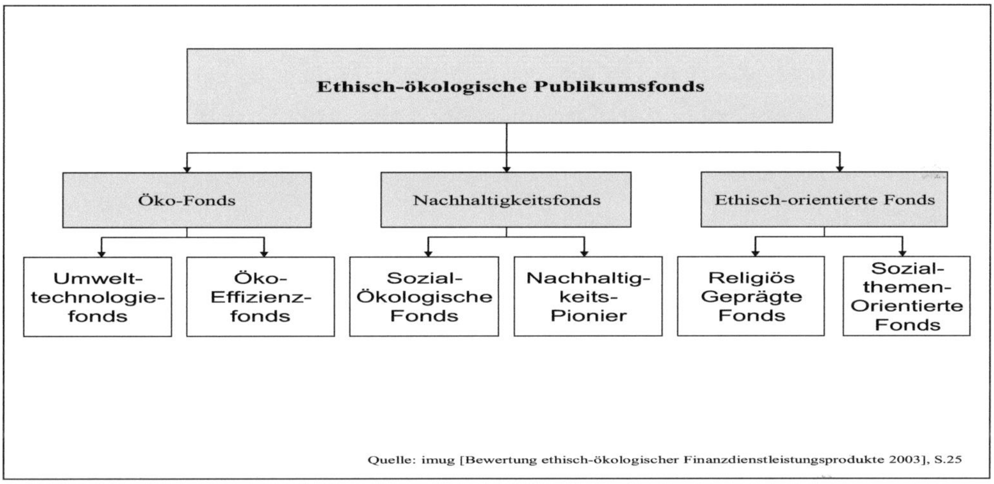

Abb.10: Typologisierung ethisch-nachhaltiger Fonds

In der Literatur sind noch weitere unterschiedliche Typologien von ethisch-nachhaltigen Investments zu finden; so z.B. von Wolff (1995), Mächtel (1996), Frank et al. (1999), Schaltegger/Figge (1999) und Grießhammer et al. (2000).[278]

Unter den SRI-Fonds sind mittlerweile alle wichtigen Fondsgruppen vertreten (Aktienfonds, Mischfonds, Rentenfonds, Dachfonds, Indexfonds…), wobei Aktienfonds nach wie vor den Schwerpunkt bilden.[279] „Für alle Formen ethisch-nachhaltiger Investmentfonds gilt selbstverständlich, dass neben der ökologischen und sozialen Analyse immer

---

[275] Vgl. Schneeweiß [Mit gutem Gewissen an die Börse? 2004], S.130.

[276] Vgl. Schneeweiß [Mit gutem Gewissen an die Börse? 2004], S.130.

[277] Vgl. Diekmann [Geldanlage mit gutem Gewissen 2007], o.S.

[278] Vgl. Flotow/Häßler/Schmidt [Umwelt- und Nachhaltigkeitstransparenz für Finanzmärkte 2002], S.78ff.

[279] Vgl. Luther [Fonds & Co. 2006], S.72.

auch klassische ökonomische Investmentkriterien wie die Gewinnerwartung und das Kurs-Gewinn-Verhältnis berücksichtigt werden, bevor sie in den Fonds aufgenommen werden."[280]

Neben der fehlenden einheitlichen Begriffsbestimmung ist eine weitere entscheidende Schwierigkeit die, dass der Anleger in den einzelnen Fondsgruppen selten mehr als ein Dutzend ethisch-ökologischer Angebote vorfindet, die sich bereits längere Zeit am Markt bewährt haben und zu den qualitativ guten Fonds gehören.[281]

Viele Fonds schwimmen nur auf einer „grünen" Welle und verwenden die ethischen Anlageprodukte rein wegen ihrer Werbewirksamkeit. Eine nachhaltige reale Wirkung ist dadurch nicht zu erwarten. Um dies zu verhindern, braucht es gut informierte und differenziert handelnde Investoren. Das Problem ist jedoch, dass es mitunter oft an brauchbaren Informationen fehlt, um einen Fonds genauer unter die Lupe nehmen zu können. *Transparenz* ist das Schlagwort!

4.4.5 Transparenz

4.4.5.1 Mangelnde Transparenz bei nachhaltigen Investments

Eine vom *Imug-Institut* durchgeführte Studie[282] bezüglich der Attraktivität von ethisch-ökologischen Geldanlagen kam zum Schluss, dass ein beträchtliches Interesse (ca. 45%[283]) von privaten Investoren an ethisch-ökologischen Geldanlagen im deutschsprachigen Raum vorhanden ist. Jedoch ist der Anteil der Befragten, denen ein ethischer Fonds bereits angeboten wurde (ca. 3%) bzw. die in ethische Fonds schon investiert haben (<1%) erschreckend gering. Diese beträchtliche Kluft zwischen bekundeten Verhaltensabsichten und dem tatsächlichen konkreten Anlegerverhalten verweist deutlich auf die Schwierigkeit bei der Entwicklung dieses Marktes.[284]

Die fehlende Transparenz an Informationen und Bewertungen über soziale, ökologische und ethische Qualitäten eines Fonds stellt für viele Investoren eine ernstzunehmende

---

280 Schneeweiß [Kursbuch ethische Geldanlage 2002], S.93.

281 Vgl. Luther [Fonds & Co. 2006], S.73.

282 Vgl. hierzu und im folgenden Imug [Der Markt für ethisch-ökologische Geldanlagen in Deutschland 2001], o.S.

283 Es kann davon ausgegangen werden, dass sich diese Zahl erhöht hat und derzeit bei ca. 60% liegt. Vgl. Jäger [Geschäft mit Gewissen 2007], S.34.

284 Vgl. Hansen/Schoenheit [Transparenz an den Finanzmärkten 2001], S.25.

Hürde für die Kapitalanlage dar.[285] Bei diesen ethischen Eigenschaften von *SR*-Investmentfonds handelt es sich eindeutig um „Vertrauenseigenschaften" und die einzelnen Investoren sind hier auf Expertenmeinungen angewiesen. Neben der soeben erwähnten mangelnden „*Qualitätstransparenz*" ist auch die mangelnde „*Angebotstransparenz*" – d.h. ein Angebots- und Kommunikationsdefizit[286] an ethisch-nachhaltigen Investmentfonds – ausschlaggebend dafür, dass bisher erst relativ wenige potenzielle, interessierte Anleger ihr Geld dann auch tatsächlich investierten.[287]

4.4.5.2 Instrumente zur Transparenzverbesserung

Es drängt sich nun die Frage auf, welche Instrumente und Maßnahmen zur Erleichterung von Investorenentscheidungen beitragen und die Transparenz verbessern. Die folgenden Instrumente haben ein unterschiedliches Potenzial, um eine positive Marktentwicklung bei SRI-Fonds zu unterstützen:[288]

- ***Transparenzleitlinien***

  Eurosif[289] hat europaweit gültige, freiwillige Transparenzleitlinien für Nachhaltigkeitsfonds entwickelt, die u. a. die nachstehenden Kriterien[290] enthalten:[291]

  - Grundinformationen zum Investmentfonds (Name des Fonds und Fondsmanagers, Fondsgröße, Kontaktmöglichkeit, zurückliegende Performance...)
  - Informationen zu den nachhaltigen Kriterien (Definition zu SRI, SRI-Kriterien, Häufigkeit der Überprüfung der Kriterien...)
  - Informationen zum Research-Prozess (Bewertungsmethoden, internes oder externes Research...)
  - Informationen zur Bewertung und Implementierung.

---

[285] Vgl. Schoenheit [Nachhaltiges Investment als Kommunikationsaufgabe 2004], S.94.

[286] Anlageberater stellen von sich aus sehr selten SRI-Fonds vor und verfügen über kein fundiertes Wissen hinsichtlich der produktspezifischen Besonderheiten.

[287] Vgl. Hansen/Schoenheit [Transparenz an den Finanzmärkten 2001], S.26.

[288] Vgl. hierzu und im folgenden Graulich [Altersvorsorgeprodukte und Nachhaltige Geldanlage 2004], S.6f., und Schoenheit [Nachhaltiges Investment als Kommunikationsaufgabe 2004], S.95f.

[289] *Eurosif* (European Sustainable and Responsible Investment Forum)

[290] Es handelt sich hierbei allerdings nicht um soziale und ökologische Kriterien und es werden keine Vorgaben zum Portfolio gemacht.

Diese Leitlinien sind ein erster Ansatz, einheitliche Informationen über nachhaltige Fonds und deren Bewertungsmethoden zu veröffentlichen. Da es auf Freiwilligkeit basiert, ist abzuwarten, wie viele Kapitalanlagegesellschaften sich diesem Konzept anschließen.

- ***Internetplattformen und Testzeitschriften***

  Internetplattformen und Testzeitschriften stellen übersichtlich die existierenden ethisch-nachhaltigen Fonds dar (z. B. www.ecoreporter.de; www.nachhaltiges-investment.org; www.gruenesgeld.at ...sowie Öko-Test und Finanztest).[292]

- ***Labelling***

  Ein Label bescheinigt eine festgehaltene Mindestqualität hinsichtlich nachhaltiger Kriterien. In Österreich wurde im Jahre 2004 das Österreichische Umweltzeichen[293] eingerichtet. Die Richtlinie UZ 49 „Grüne Fonds" beinhaltet Anforderungen an Ausschluss- und Auswahlkriterien für nachhaltige Investmentfonds, Qualitätsanforderungen an die Erhebungs-, Bewertungs- und Auswahlprozess sowie Anforderungen hinsichtlich Transparenz, Information und Deklaration. [294] Die Schwierigkeit wird jedoch sein, ein einheitliches Siegel für die unterschiedlichen ethischen Finanzprodukte zu schaffen.

- ***Qualitätsstandards***

  Qualitätsstandards für Research-Leistungen setzen und anwenden.

- ***Fondsbewertungen***

  Regelmäßige vergleichende Fondsbewertungen und Rankings durch unabhängige Testinstitutionen und wissenschaftliche Studien veröffentlichen (z. B. durch Stiftung Warentest und dem Institut für Markt-Umwelt-Gesellschaft (imug)).[295]

- ***Verbraucherberatung***

  Unabhängige Verbraucherberatungsstellen zu ethisch-nachhaltigen Fonds anbieten.

---

[291] Vgl. hierzu und im folgenden Eurosif [Transparenzleitlinien 2004] S.2ff.

[292] Vgl. Deml / May [Grünes Geld 2005], S.229ff.

[293] Fonds die das österr. Umweltzeichen bereits erhalten haben siehe URL: http://www.gruenesgeld.at/about/zertifizierung-umweltzeichen.php.

[294] Vgl. Graulich [Altersvorsorgeprodukte und Nachhaltige Geldanlage 2004], S.6f.

[295] Schoenheit [Nachhaltiges Investment als Kommunikationsaufgabe 2004], S.95f.

- ***Informationspflichten***
  Vor allem die Informationspflichten von Vertreibern ethisch-nachhaltiger Investmentfonds muss gesetzlich genauer geregelt werden.

- ***Aus- und Weiterbildung***
  Das Angebot an Aus- und Weiterbildungsmaßnamen für Anlageberater zu SRI-Fonds spezifischen Themen muss erhöht werden.

Ob mit den vorhandenen Instrumenten die Entwicklung des Marktes für ethisch-nachhaltige Investments vorangetrieben wird, kann bezweifelt werden. In Zukunft wird der persönlichen Anlageberatung ein erhöhter Stellenwert zukommen, um die Intransparenz der SRI-Produkte insbesondere für private Investoren zu minimieren. Die wichtigsten Hintergrundinformationen über nachhaltige Qualitäten von Fonds müssen entscheidungsorientiert und individualisiert zur Verfügung gestellt werden.[296]

„Eine zunehmend kritischer gewordene Öffentlichkeit wird langfristig auch das Anlageverhalten unter die Lupe nehmen. Es ist ein Akt der Klugheit für einen Investor, die Transparenz als ethischen Wert bereits heute zu akzeptieren und das eigene Anlageverhalten daraufhin zu überdenken.“[297]

4.4.6 Bewertung von ethisch-nachhaltigen Unternehmen

„Da es den Fondsmanagern kaum möglich ist, alle „sauberen“ Unternehmen selbst unter die Lupe zu nehmen, greifen sie auf Daten von speziellen Gutacht[er]n zurück oder orientieren sich an einen Ethik- oder Öko-Index.“[298]

Es muss darauf hingewiesen werden, dass es keine allgemein gültige Definition einer nachhaltigen Unternehmensführung gibt, sondern bei den verschiedenen Fondsgesellschaften, Index-Anbietern und Rating-Agenturen unterschiedliche Konzepte vorherrschen.[299]

---

[296] Vgl. Schoenheit [Nachhaltiges Investment als Kommunikationsaufgabe 2004], S.96.

[297] Brodbeck [Gewinn und Moral 2006], S.45.

[298] Luther [Fonds & Co. 2006], S.73.

[299] Vgl. Von Rosen [Nachhaltigkeit und Shareholder Value 2003], S.18.
www.dai.de/internet/dai/dai-2-0.nsf/LookupDL/154D8871DE1D18F0C1256D2F00597484/$File/Studie_22.pdf

4.4.6.1 Öko-Rating

Während das Finanz-Rating fast ausschließlich auf die ökonomischen Kriterien ausgerichtet ist, beschäftigt sich das Öko-Rating mit der Erhebung und Auswertung von umweltbezogenen Unternehmensdaten.[300] Im Kontext der Nachhaltigkeitsdiskussion ist ein einfaches Öko-Rating jedoch nicht mehr zeitgemäß und es wird in vielen Ansätzen um den sozialen, kulturellen und ethischen Aspekt in Richtung nachhaltige Sichtweise erweitert.[301] Es wird überprüft, ob eine eventuelle nachhaltige Unternehmensführung *(CSR[302])* verfolgt wird (z. B. die Leistung des Unternehmens gegenüber verschiedenen Stakeholdern, soziale Kriterien wie Menschenrechte, ökologische Kriterien wie Umweltverträglichkeit...[303]).[304]

Die Grundlage für die Bewertung der Umwelt- und Sozialsituation im Unternehmen bilden Informationen, die mit Hilfe von Fragebögen, sowie auf Basis der Analyse von Dokumenten wie Geschäfts- und Nachhaltigkeitsberichten[305] gewonnen werden. Nach der Bewertung der einzelnen Unternehmen folgt meist ein Nachhaltigkeitsranking der Branche, bei dem versucht wird, die Unternehmen im Hinblick auf ihre Nachhaltigkeit in eine Reihenfolge zu bringen.[306] Auf dieser Grundlage treffen Fondsgesellschaften oder Rating-Agenturen die Entscheidung darüber, ob das Unternehmen in einen Fonds aufgenommen werden kann.

Der Ablauf eines Research-Prozesses beinhaltet im Wesentlichen die folgenden Punkte:[307]

---

[300] Vgl. Pinner [Ethische Investments 2003], S.137 und 149ff. („Frankfurt-Hohenheim-Leitfaden").

[301] Vgl. Hansen/Schoenheit [Transparenz an den Finanzmärkten 2001], S.27.

[302] *Corportate Social Responsibility* (CSR) ist ein Konzept gesellschaftlicher Verantwortung von Unternehmen, das Aspekte der Nachhaltigkeit aufnimmt und sich auf drei Säulen Wirtschaft, Soziales und Umwelt stützt.

[303] Vgl. das Beispiel der 10 Prinzipien des *UN-Global-Compact* unter: http://de.wikipedia.org/wiki/UN_Global_Compact. Dieser weltweite Pakt wurde zwischen der UNO und Unternehmen geschlossen, um die Globalisierung sozialer und ökologischer zu gestalten.

[304] Vgl. Gruber [Ethische Investments liegen im Trend 2001], S.99.

[305] Der Nachhaltigkeitsbericht ist eine freiwillige Dokumentation der eigenen Leistung hinsichtlich Sozialer-, Wirtschaftlicher- und Umweltverantwortung und ist Teil einer erfolgreichen Kommunikationsstrategie. Siehe dazu www.nachhaltigkeitsbericht.at.

[306] Vgl. Von Rosen [Nachhaltigkeit und Shareholder Value 2003], S.20.

[307] Vgl. hierzu und im folgenden o.V. [Informationsflüsse zwischen Unternehmen und Fondsgesellschaften 2003], S.8ff., sowie Hoffmann/Scherhorn [Saubere Gewinne 2002], S.29ff. und 56ff.

- ***Festlegung der Anlagestrategie***

  Definiert werden die *Assetallocation* (Renten-, Aktien-, oder Mischfonds), das *Titeluniversum* (geographische Schwerpunkte, Branchenschwerpunkte, Nachbildung eines Index…) und die *Unternehmensart* in die investiert werden soll (Small Caps, Mid Caps, Blue Chips). Des Weiteren erfolgt die Festlegung des Kriterienkataloges[308] (Negativkriterien, Positivkriterien, Best-in-Class-Ansatz).

- ***Preescreening des Anlageuniversums***

  Darunter versteht man, dass jene Unternehmen, welche die festgelegten Kriterien[309] nicht erfüllen oder deren finanzielle Performance zu schlecht ist, von vornherein von der Aufnahme in den Fonds ausgeschlossen werden.

- ***Finanzielle Analyse***

  Die ökonomischen Gesichtspunkte werden berücksichtigt, um die Bonität des Unternehmens festzustellen.

- ***Umwelt- und Sozialanalyse***

  Sie erfolgt durch Verschickung von Fragebögen, durch Telefoninterviews oder Unternehmensbesuche und wie oben erwähnt durch die Auswertung der Geschäfts- und Nachhaltigkeitsberichte[310]. Außerdem werden bereits vorliegende Informationen nochmals überprüft.

- ***Qualitätskontrolle***

  Die Richtigkeit und Vollständigkeit der Daten ist von entscheidender Bedeutung. Die meisten Institute haben interne Qualitätskontrollen wie Research-Standards.

---

[308] Beispiele für Kriterienkataloge sind z.B. der *Frankfurt Hohenheim Leitfaden, UN-Global-Compact, Kriterienkatalog der österr. röm.-kath. Kirche für ethisch saubere Investitionen*, u.v.m.

[309] Vgl. Hoffmann/Scherhorn [Saubere Gewinne 2002], S.76ff., die den *Frankfurt-Hohenheim-Leitfaden* für ein ethisch-ökologisches Rating von Unternehmen entwickelten. Die Hauptkriterien Natur-, Sozial- und Kulturverträglichkeit werden auf verschiedenen Ebenen hin untersucht. Diese Katalog gilt als weltweit umfassendster Katalog zur ethischen Bewertung von Unternehmen.

[310] Vgl. Flotow/Häßler/Schmidt [Umwelt- und Nachhaltigkeitstransparenz für Finanzmärkte 2002], S.54ff. In den letzten Jahren wurden einige Leitlinien entwickelt, um eine gewisse Standardisierung und damit Vergleichbarkeit von Umwelt- und Nachhaltigkeitsberichten sicherzustellen. Besonders hervorzuheben ist hierbei die *Global Reporting Initiative (GRI)*. Nachhaltigkeitsberichte auf Basis dieser Initiative dienen zur Darstellung und Bemessung der im Unternehmen angewandten Nachhaltigkeits-Praktiken auch in Zusammenhang mit der Strategie und Wettbewerbsstellung des Unternehmens.

▪ ***Portfoliobildung***

Wurde das Unternehmen aufgrund seiner Umwelt- und Sozialperformance sowie seiner finanziellen Performance positiv bewertet, erfolgt die Aufnahme in das Portfolio des jeweiligen Fonds.

Die folgende Grafik verdeutlicht den Prozess eines *externen Research-Verfahrens*. Der Unterschied zum *Inhouse-Research* ist nur, dass sich hierbei die Research-Abteilung und das Asset-Management nicht unter einem Dach befinden, der Ablauf bleibt gleicht.

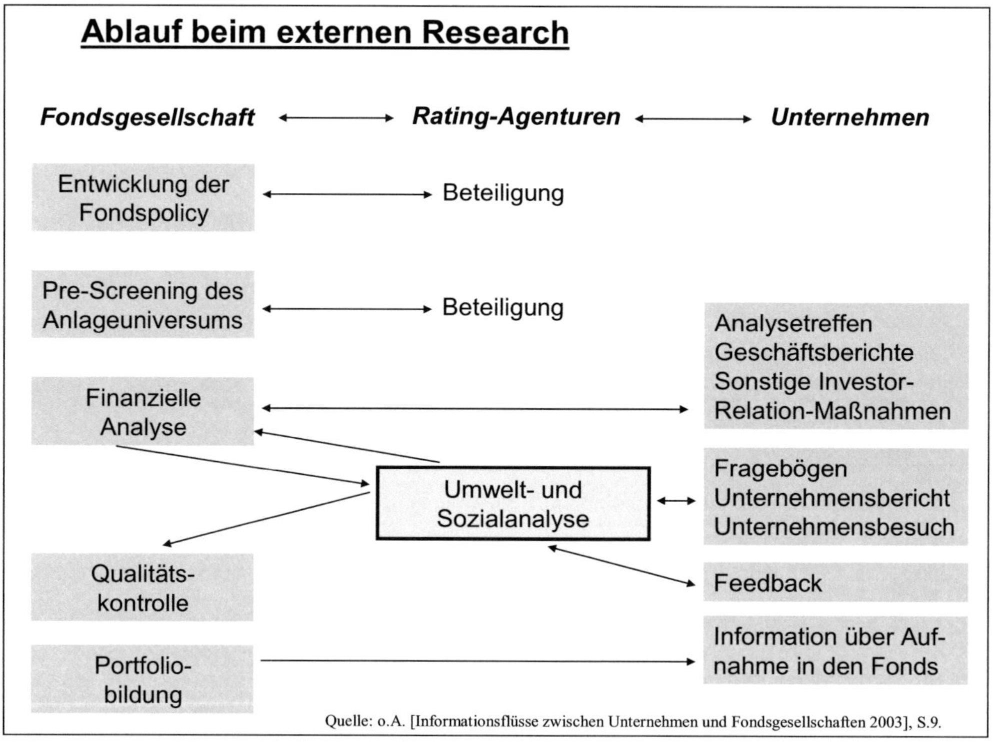

Abb.11: Externes Research

Durch die steigende Bedeutung an ethisch-nachhaltigen Investments sollten auch die ökologische bzw. ethisch-nachhaltig orientierten Rating-Agenturen[311] an Bedeutung gewinnen, die durch ihre Analysen einen gewissen Druck auf die Unternehmen erzeugen, um deren Entscheidungen im Sinne der *CSR* zu überdenken.[312] Drei Viertel von weltweit mehr als 190 befragten institutionellen Investmentmanagern glauben, dass sich

[311] Im deutschsprachigen Raum z. B.: *oekom research AG*, *scoris GmbH*, *Centre Info*, *imug Beratungsgesellschaft*, *Inrate*, *SAM*…Vgl. Pinner [Ethische Investments 2003], S.140ff.

[312] Vgl. Pinner [Ethische Investments 2003], S.139.

die Integration von Umwelt- und Sozialleistungen in die Finanzanalyse in den nächsten 10 Jahren etablieren wird.[313]

Das Nachhaltigkeitsrating kann somit eine Doppelrolle erfüllen: „Es liefert analog zum klassischen Finanzrating Kapitalanlegern die entscheidenden Informationen, welche Wertpapiere eine überdurchschnittliche Nachhaltigkeitsperformance aufweisen, und sendet kontinuierliche Signale in Richtung der bewerteten Unternehmen aus, ihre Performance im ökologischen und sozialen Bereich laufend zu verbessern."[314]

4.4.6.2 Ethikbeirat

Das Fondsmanagement wendet sich meist auch an einen unabhängigen *Ethikbeirat,* der hinsichtlich ethischer Fragestellungen beratend zur Seite steht. Dieser Beirat setzt sich meist aus Persönlichkeiten der Wirtschaft, Wissenschaft, Umweltschutz und kirchlichen Vertretern zusammen, um mit der Definition der Ethikkriterien die Rahmenbedingungen für das Anlageuniversum zu schaffen.[315] Die Rolle des Beirats ist es, die Interessen der Stakeholder zu vertreten, eine Kontrollinstanz darzustellen und ein Garant für die Ernsthaftigkeit des Nachhaltigkeitsansatzes zu sein. Ein Beirat allein ist aber natürlich noch keine Nachhaltigkeitsgarantie.[316]

4.4.6.3 Indizes / Benchmarks

Aktienindizes enthalten nach bestimmten Kriterien ausgewählte Titel und sind ein wichtiges Hilfsmittel, um wirtschaftliche Entwicklung und Kursperformance einzelner Marktsegmente messen zu können.[317] Die Kursbewegungen zeigen, wie sich die Unternehmen im Durchschnitt entwickelt haben und das Ziel eines jeden Fondsmanagers ist es, durch eine geschickte Auswahl der Titel im Fonds besser abzuschneiden als der entsprechende Index. Jedoch gelingt dies nur ungefähr einem Drittel aller Investmentfonds.[318]

Die Öko- bzw. Ethik-Indizes erleichtern die Vergleichbarkeit ethisch orientierter oder CSR-Aktien, die für die Aufnahme in einen Fonds in Frage kommen. Dem Fondmana-

---

313 Vgl. Bergius [Nachhaltige Investments – mehr als eine Nische 2007], S.5.
314 Hassler/Bammer [Grundlagen des Nachhaltigkeitsrating 2003], S.113.
315 Vgl. o.V. [Ethikbeirat 2006], o.S.
316 Vgl. Gèrard [Börse oder Leben 2002], S.178.
317 Vgl. Deml/May [Grünes Geld 2005], S.140.
318 Vgl. Schneeweiß [Kursbuch ethische Geldanlage 2002], S.129f.

ger wird die Ermittlung einer geeigneten Grundgesamtheit erleichtert, und außerdem wird durch die Darstellung der Performance des Index eine geeignete ethisch-nachhaltige Benchmark kreiert.[319] Als Benchmark kommt meist ein bekannter Aktienindex oder ein synthetisch hergestellter Index in Frage.[320]

„Sie drückt als Meßlatte für einen Fonds aus, welches am Markt realisierbare Performance-Profil vom jeweiligen Investor angestrebt wird."[321]

Ein zu erwähnender Benchmarkproblembereich ist, dass die in der Praxis verwendeten Indizes entsprechend der Marktkapitalisierung der eingehenden Werte gewichtet sind und nicht unter kapitalmarkttheoretischen Effizienzgesichtspunkten[322] konstruiert werden.[323] Die Praxis zeigt jedoch, dass die Indizes offenbar eine hohe Effizienz aufweisen, da sie von den Portfoliomanagern kaum dauerhaft und signifikant übertroffen werden können.[324]

Parallel zur Entwicklung „grüner" Aktien und Fonds kamen im Lauf der 90er-Jahre eine Reihe von Indizes auf den Markt, die nur Aktien beinhalten, die nach ethisch-ökologischen Kriterien ausgewählt worden sind.[325] Somit konnte ermittelt werden, wie sich die Unternehmen aus dem ethisch-ökologischen Segment entwickeln, und Vergleiche mit konventionellen Indizes konnten gezogen werden.[326]

---

319 Vgl. Pinner [Ethische Investments 2003], S.163.

320 Vgl. Günther [Bedeutung von Benchmarkportfolios 1998], S.166ff.

321 Bruns/Meyer-Bullerdiek [Professionelles Portfoliomanagement 2000], S.54.

322 Die Effizienzmarkthypothese geht davon aus, dass kein Investor in der Lage wäre den Markt auf Dauer zu schlagen.

323 Vgl. Günther [Bedeutung von Benchmarkportfolios 1998], S.177.

324 Vgl. Bruns/Meyer-Bullerdiek [Professionelles Portfoliomanagement 2000], S.60.

325 Vgl. Deml/May [Grünes Geld 2005], S.140.

326 Vgl. Schneeweiß [Kursbuch ethische Geldanlage 2002], S.130.

Im Folgenden werden die wichtigsten ethisch-ökologischen Indizes beschrieben, und es wird darauf eingegangen, nach welchen Kriterien die Aufnahme eines Unternehmens in den Index erfolgt.

- ***Domini 400 Social Index***

  Der *Domini 400 Social Index*[327] ist der älteste ethisch-ökologische Index und wurde 1990 in den USA gestartet. Hierbei wurde der S&P 500 gescreent – also auf Ausschlusskriterien (Tabak, Alkohol, Nuklearenergie und Waffen) und Positivkriterien (Umweltperformance, Mitarbeitermanagement, Frauen und Minderheiten, produktbezogene Kriterien) überprüft – und um weitere Werte ergänzt.[328] Er spiegelt die Performance von 400 größtenteils amerikanischen Unternehmen wider, die spezifischen sozialen und umweltbezogenen Kriterien genügen.[329]

- ***Natur Aktien Index (NAI)***

  Der deutschsprachige *Natur-Aktien-Index (NAI)*[330] beinhaltet derzeit 30 internationale kleine und mittelgroße Aktiengesellschaften mit deutlichem ökologischen und sozialen Profil.[331] Die Kriterien für die Auswahl sind neben den Negativkriterien (Atomenergie, Gentechnik, Verstoß gegen die Menschenrechte…) die Erfüllung von mindestens zwei der folgenden vier Positivkriterien:[332]

  - Angebot von Produkten und Dienstleistungen, die ökologisch und sozial nach-
haltig sind;
  - das Unternehmen ist Branchenvorbild für die Produktgestaltung;
  - das Unternehmen ist Branchenvorbild für ökologische Gestaltung des Produktionsprozesses;
  - das Unternehmen ist Branchenvorbild für soziale Gestaltung von Produktion und Absatz.

---

327 Weitere Informationen und enthaltene Unternehmen unter www.domini.com; www.kld.com und www.nachhaltiges-investment.org

328 Vgl. Pinner [Ethische Investments 2003], S.164.

329 Vgl. o.V. [Domini 400 Social Index 2006], o.S.

330 Weitere Informationen und enthaltene Unternehmen unter www.nai-index.de; www.greeneffects.de und www.nachhaltiges-investment.org

331 Vgl. Schneeweiß [Kursbuch ethische Geldanlage 2002], S.130.

332 Vgl. hierzu und im folgenden Wilke [Ethisch-ökologisches Investment 2002], S.8.

Jede Aktie der 30 Titel wird gleich stark gewichtet. Dadurch ist die Titelgewichtung im Unterschied zu vielen anderen Indizes nicht vom reinen Nominalwert abhängig. Außerdem erfolgt die Titelauswahl anhand von strenger gefassten Kriterien[333], als bei den meisten anderen ökologischen Indizes.[334]
"Durch die Auswahl soll verhindert werden, dass unakzeptable Branchen und Unternehmen Eingang in den Index finden. Das umweltfreundlichste Atomkraftwerk hat bei uns keinen Platz ... und wir setzen auf erfolgreiche Öko-Vorreiter, hinzu kommen Branchen und Länderaspekte."[335]

Dieser Index umfasst auch zwei Titel österreichischer Herkunft. Nämlich die *Mayr-Melnhof Karton AG*[336] sowie die *Best Water Technology AG (BWT)*[337].

- ***Dow Jones Sustainability Group Index***

  Anders als der NAI zielt der *Dow Jones Sustainability Group Index (DJSGI*[338]*)* auf Großkonzerne ab, und die Auswahl der Titel basiert auf dem Best-in-Class-Ansatz. Außerdem werden keine Negativkriterien definiert.[339] Die Grundlage dieses Index bildet der Dow Jones World Index mit über 2500 der weltgrößten Unternehmen. Daraus werden die besten 10% der auf Nachhaltigkeitschancen und Risiken analysierten Unternehmen aus über 70 Branchen ausgewählt. Zu Beginn (1999) enthielt der DJSGI gut 220 Unternehmen, inzwischen wurde die Anzahl auf über 300 erhöht.[340]

  Da die Fluktuation der Titel in diesem Index sehr hoch ist – meist werden mehrere Dutzend pro Jahr ausgetauscht – ist er nicht so prägnant wie der NAI mit nur 25 ausgewählten Aktien. „Er ist auch bei weitem nicht so „grün", hat aber andererseits den durchaus erwünschten Nebeneffekt, dass auch bei einigen weniger „grünen"

---

333 Der NAI listet z.B. die amerikanische Bio-Kette *Whole-Foods-Market* nicht, weil sie gewerkschaftliche Aktivitäten behinderte und die Eiscremefirma *Ben&Jerry* flog raus, als Unilever sie schluckte.

334 Vgl. Deml/May [Grünes Geld 2005], S.140f.

335 o.V. [Rendite mit Gutem Gewissen 2005], S.19.

336 *Mayr-Melnhof* ist der weltweit größte Hersteller von Recyclingkarton und Europas führender Produzent von Faltschachteln; www.mayr-melnhof.com/welcome

337 *BWT* ist Europas führender Wassertechnologieanbieter; www.bwt-group.com

338 Weitere Informationen und enthaltene Unternehmen unter www.sustainability-indexes.com und www.nachhaltiges-investment.org

339 Vgl. Pinner [Ethische Investments 2003], S.166.

Unternehmen ein kleiner Wettbewerbsdruck entstanden ist. Schließlich möchte kein Unternehmen gerne als letzter in einer Umweltbewertung abschneiden."[341] Gelingt dieser Wettbewerb unter den Unternehmen, so würde ein Prozess der fortlaufenden Verbesserung initiiert werden.[342] Die Unternehmen sind bereit, Investitionen in den Umweltschutz oder in die Arbeitsbedingungen zu tätigen, wenn sie dadurch in einen ethischen Index aufgenommen werden und somit ihr Image verbessern können.[343]

- ***FTSE4Good Index***

  Im Frühjahr 2001 folgte schließlich der *FTSE4Good-Index*[344], der für fünf Teilmärkte (Großbritannien, Europa, USA, Japan und Global) die nach ihrer Marktkapitalisierung größten Unternehmen auf Erfüllung ethischer und ökologischer Kriterien analysiert.[345] Aus diesem Universum werden anhand einer Negativliste die Unternehmen ausgeschlossen, die Tabakwaren, Atomwaffen oder Waffensysteme und Atomenergie herstellen. Die Positivkriterien betreffen die Bereiche ökologische Nachhaltigkeit, soziale Verantwortung (Stakeholder-Beziehungen) und die Einhaltung der Menschenrechte.[346] Auch hier wird wieder der Best-in-Class-Ansatz verfolgt.

  Im *FTSE4Good-Europe Index* sind die folgenden österreichischen Unternehmen vertreten: *EVN-Energie Versorgung*[347], *Telekom Austria AG*[348] und *Verbund AG*[349]. Durch den Klassenbesten-Ansatz (beim *FTSE4Good* und beim *DJSGI*) bleibt eine beträchtliche Zahl an großen und leicht handelbaren Unternehmen im Index und diese Firmen werden motiviert besser zu wirtschaften, um der Aufnahme gerecht zu

---

340 Vgl. Schneeweiß [Kursbuch ethische Geldanlage 2002], S.132f.

341 Deml/May [Grünes Geld 2005], S.145.

342 Vgl. Schneeweiß [Kursbuch ethische Geldanlage 2002], S.133.

343 Vgl. Schneeweiß [Mit gutem Gewissen an die Börse? 2004], S.127.

344 Weitere Informationen und enthaltene Unternehmen unter www.ftse.com und www.nachhaltiges-investment.org

345 Vgl. Wilke [Ethisch-ökologisches Investment 2002], S.9.

346 Vgl. Schneeweiß [Kursbuch ethische Geldanlage 2002], S.134.

347 Die *EVN* ist ein führendes Energie- und Infrastrukturunternehmen. Nachhaltigkeit gilt als langfristiges Unternehmenskonzept; www.evn.at.

348 Die *Telekom Austria* ist Österreichs größter Gesamtanbieter mulimedialer Lösungen. Nachhaltigkeit bedeutet für sie die Unternehmensziele mit zukunftsverträglichem Wachstum und menschlichem Fortschritt zu verknüpfen; www.evn.at.

349 Die *Verbund AG* ist Österreichs führendes Elektrizitätsunternehmen und eine treibende Kraft für saubere Energie in Europa; www.verbund.at.

werden. Die Minuspunkte sind jedoch einerseits die geringen bis nicht vorhandenen Negativkriterien, und dass eine wirkliche Bewertung der Unternehmen unter Umwelt- und Sozialgesichtspunkten zu anderen Ansätzen führen würde.[350]

- ***VÖNIX***

  Der *VÖNIX – VBV-Österreichischer Nachhaltigkeitsindex*[351] ist ein Aktien-Index österreichischer börsennotierter Unternehmen[352] im Sinne des Nachhaltigkeitsbegriffes.[353] Ausgewählt werden jene börsennotierten Titel, die hinsichtlich sozialer und ökologischer Leistung führend sind und die folgenden Negativkriterien nicht erfüllen: Rüstung, Nuklearenergie, Gentechnik und Glücksspiel. Zu den Positivkriterien zählen vor allem die Berücksichtigung der Stakeholder (Mitarbeiter, Öffentlichkeit, Kunden, Lieferanten und Investoren) und der Umwelt (Produktökologie, Emission, Ressourcenverbrauch...).

  Erst seit Juni 2005 ist dieser Index aufgelegt, und einmal jährlich werden die Nachhaltigkeitsanalysen aktualisiert, die über die Aufnahme in den VÖNIX entscheiden. Für das Jahr 2006/07 wurden 60 Titel analysiert und 27 wurden in den Index aufgenommen.[354] Bereits in seinem ersten Jahr erzielte der VÖNIX eine Performance von 17,85% und konnte die Benchmark – den ATX Prime der Wiener Börse – klar um ca. 3,5% outperformen, welcher im selben Zeitraum einen Zuwachs von 14,39% auswies. Da es sich um einen sehr jungen Index handelt, ist der Performancevergleich noch nicht sehr aussagekräftig, da erst ein mehrjähriger Vergleich ein wahres Bild widerspiegelt.

- ***OeSFX***

  Der *OeKB Sustainability Fund Index (OeSFX)* der österreichischen Kontrollbank ist seit Mai 2005 der weltweit erste Nachhaltigkeitsfonds-Index der als Benchmark zur Verfügung steht. Ethisch-orientierte Anleger können somit die Performance jedes

---

[350] Vgl. Anastassiou [Stabile Rendite mit gutem Gewissen 2005], o. S., und Wilke [Ethisch-ökologisches Investment 2002], S.9f.

[351] Die VBV-Mitarbeitervorsorgekasse AG ist die Trägerin des *VÖNIX* und wurde als gemeinsame Tochter der Vereinigten Pensionskasse AG und der BVP-Pensionskassen AG gegründet.

[352] Dazu zählen nach Marktgängigkeit und Nachhaltigkeitspotential die Aktientitel im Prime Market, dem Standard Market Continuous und dem Auction Market der Wiener Börse, sowie österreichische Aktientitel an einer ausländischen Börse.

[353] Vgl. hierzu und im folgenden o.V. [VÖNIX Nachhaltigkeitsindex 2006], o.S., und www.voenix.at.

[354] Das genaue Portfolio und der aktuelle Chart wird unter www.voenix.at dargestellt.

beliebigen Aktienfonds mit jener des Gesamtmarktes für ethisch-nachhaltige Veranlagung, die der OeSFX repräsentiert, vergleichen.[355]
Aufgenommen werden jene in Österreich zugelassenen Ökofonds, Nachhaltigkeitsfonds und Ethikfonds, die sowohl in umweltverträglich als auch sozial agierende Unternehmen investieren. Ausgeschlossen sind Fonds, die Rüstung und Atomkraft nicht als Ausschlusskriterium formuliert haben und die international anerkannte Sozialstandards[356] nicht akzeptieren.[357] Derzeit sind in dem Index 30 in- und ausländische Fonds vertreten.[358]

Laut einer Studie des *Zentrums für Wirtschaftsforschung (ZEW)*, das die 29 bekanntesten nachhaltigen Aktienindizes untersucht hat, entwickeln sich diese Indizes im Durchschnitt ähnlich wie ihre konventionellen Gesamtmarktbenchmarks und manche sogar besser. Verbunden ist dies jedoch mit einem höheren Anlagerisiko.[359] Der mit nur 25 Titeln relativ eng gefasste *NAI* schnitt hier sowohl was die Rendite wie auch das Risiko betrifft besonders gut ab. Seit seinem erscheinen im April 1997 hat er 238% zugelegt, währen der Vergleichsindex *MSCI World* in diesem Zeitraum lediglich auf 53% kam.[360]

Das Problem der Vergleichbarkeit ethisch-orientierter Aktien und Fonds wurde mit dem Entstehen solcher und ähnlich guter Indizes zwar deutlich verbessert, jedoch ist dies nur eine Symptombehandlung und kein Ersatz für mehr gesetzliche Vorschriften![361]

4.4.6.4 Ökobilanz

Eine andere Möglichkeit ethisch-ökologisches Produzieren zu bewerten, ist die so genannte „*Ökobilanz*“[362]. Sie analysiert systematisch die Umweltbelastungen von Produkten während des gesamten Lebensweges, von der Produktion über die Nutzungs-

---

[355] Vgl. o.V. [OeKB-Index für Nachhaltigkeitsfonds 2005], o.S.

[356] Sozialstandards wie z. B. die UN-Menschenrechtskonvention

[357] Vgl. Leiter [OeKB Index für Nachhaltigkeitsfonds], o.S.

[358] Das genaue Portfolio und der aktuelle Chart wird unter www.profitweb.at dargestellt.

[359] Vgl. o.V. [Nachhaltige Aktienindizes 2005], o.S

[360] Vgl. o.V. [Rendite mit gutem Gewissen 2005], S.19.

[361] Vgl. o.V. [Wie gut ist gut? 2004], S.21.

[362] Engl. auch *Life Cycle Assesment* (LCA)

phase bis hin zur Entsorgung.[363] Generell ist die Methodik der Ökobilanz[364] auch für die ökologische Untersuchung von Verfahren und Prozessen anwendbar und wird dafür auch eingesetzt. Ziel ist es, das betriebliche Geschehen auf mögliche ökologische Risiken und Schwachstellen systematisch zu überprüfen und Optimierungspotentiale aufzuzeigen.[365]

Aber auch wenn Bewertungen von Unternehmen bei Investoren zur Entscheidungserleichterung beitragen, wird kein Rating, Ranking, Index oder Labelling den Investor von der Mühe befreien können, die Nachhaltigkeit seines Investments auch selbst kritisch zu überprüfen. Denn aufgrund der fehlenden detaillierten Definition des Nachhaltigkeits-Begriffes wird die eigene Urteilsfähigkeit des Investors weiterhin gefragt bleiben.[366]

Das Angebot kann allerdings nur dann einen Beitrag dazu leisten, dass durch nachhaltige Investments ethische oder ökologische Ziele erreicht werden können, wenn auch die finanzielle Leistung akzeptabel ausfällt.[367] Durch eine höhere Rendite kann wiederum mehr in ethisch-nachhaltige Geldanlagen investiert werden und damit deren Wirkung gesteigert werden.

Dies soll nun im Abschnitt 5 untersucht werden.

---

[363] Vgl. Lux [Ethisch-ökologisches Investment 2005], S.86f.

[364] Lt. ISO 14010 besteht eine vollständige Ökobilanz aus einer Sachbilanz, der Wirkungsabschätzung und der Auswertung.

[365] Vgl. o.V. [Ökobilanz 2007], o.S.

[366] Vgl. Schoenheit/Grazek [Qualität von ethisch-ökologischen Fonds 2003], S.138.

[367] Grieble [Ethisch-ökologische Geldanlage 2001], S.88.

„If you can't measure it, you can't manage it"

Peter F. Drucker (1909-2005), US-amerik. Ökonom und Managementdenker

5 Performancemessung ethisch-nachhaltiger Investmentfonds

Zielsetzung der folgenden Kapitel ist es, die grundlegendsten Maße und Verfahren zur Performancemessung von (Aktien-)Portfolios vorzustellen. Einige Kennzahlen sind teilweise auch aus der Aktienbewertung bekannt und können auf Fondsanteile übertragen werden.

In den ersten beiden Kapiteln erfolgt eine Begriffsdefinition. In den folgenden Kapiteln 5.3 und 5.4 werden jene klassischen Kennzahlen zur Messung der Performance dargestellt und erklärt, die man als privater Investor bei den zahlreichen Fondsstudien und Fondstests am häufigsten wieder findet. Darauf folgen im letzten Kapitel dieses Abschnittes eine Kritik an die klassischen Messverfahren aus ethisch-nachhaltiger Sichtweise, und der Hinweis auf die Möglichkeit der Anwendung von ethischen Kennzahlen.

5.1 Definition der Performance

Im allgemeinen Sprachgebrauch versteht man unter der Performance die Leistung bzw. die Wertentwicklung oder Rendite von Kapitalanlagen.[368] In der Wissenschaft dagegen ist die Performance jedoch eine zweidimensionale Maßgröße, die zur Erfolgsermittlung von Kapitalanlagen sowohl die Rendite als auch das Risiko berücksichtigt.[369] Die Performance wird somit als *risikoadjustierte Rendite*[370] definiert.[371]

Wie im „magischen Dreieck" beschrieben, hat neben der Rendite und dem Risiko auch die Liquidität vor allem in der Anlagepraxis eine nicht zu verachtende Bedeutung. Sie kann definiert werden als jederzeitige Möglichkeit, sich zu fairen Preisen von seiner

---

[368] Vgl. o.V. [Performance 2007], o.S.

[369] Vgl. Steiner/Bruns [Wertpapiermanagement 2000], S.49.

[370] Hinsichtlich der Performance ist die entscheidende Frage, ob eine bestimmte Rendite mit viel oder Wenig Risiko zustande kam. Sie sollte deswegen *„risikobereinigt"* bzw. *„risikoadjustiert"* werden.

[371] Vgl. Bruns/Meyer-Bullerdiek [Portfoliomanagement 2000], S.2.

Anlage bzw. Portfolio zu trennen.[372] Bei gleichen Rendite- und Risikoerwartungen sollten die Investoren stets der liquideren Variante den Vorrang geben.[373]

Der Liquiditätsaspekt von Portfolios[374] (Investmentfonds) wird in weiterer Folge als Nebenbedingung formuliert, da ihm im Vergleich zu Rendite und Risikoaspekten nur eine untergeordnete Rolle zukommt.[375] Grund für die Reduktion auf Rendite und Risiko ist einerseits, dass sich Investments in Fonds durch eine hohe Liquidierbarkeit auszeichnen, da sich die Kapitalanlagegesellschaften gesetzlich verpflichten die Anteile jederzeit zurückzukaufen.[376] Andererseits unterstellen die meisten Bewertungsmodelle vollkommene Märkte, die mögliche Probleme der Liquidierbarkeit ausschließen.[377]

5.2 Definition der Performanceanalyse

„Aufgabe der Performanceanalyse ist (...) die Erfassung, Messung, Zerlegung, Beurteilung und Darstellung der erzielten Anlageergebnisse."[378] Aus den ermittelten Informationen über die Performance der Vergangenheit sollten Schlussfolgerungen für die Zukunft gezogen werden können.[379] Für den Investor sind zwei Funktionen der Performanceanalyse besonders interessant:

- Die Ermittlung von Maßzahlen zum Vergleich der Attraktivität verschiedener Portfolios,[380] d.h. wie vorteilhaft hat sich mein Investment entwickelt?[381] (= **Performancemessung**)

- Die erzielte Performance und ihre Abweichung von der Benchmark nach ihren Ursachen aufzuschlüsseln,[382] d.h. wie gut war das Fondsmanagement im Ver-

---

[372] Vgl. Bruns/Meyer-Bullerdiek [Portfoliomanagement 2000], S.2.

[373] Vgl. Steiner/Bruns [Wertpapiermanagement 2000], S.50.

[374] An dieser Stelle sei nochmals darauf hingewiesen, dass es sich bei einem Portfolio um eine Mehrzahl von verschiedenen oder gleichartigen Anlagewerten handelt, weshalb auch ein Investmentfonds als Portfolio bezeichnet werden kann.

[375] Vgl. Bruns/Meyer-Bullerdiek [Portfoliomanagement 2000], S.2.

[376] Vgl. Hartmann [Investmentfonds 2006], S.4.

[377] Vgl. Garz/Günther/Moriabadi [Portfoliomanagement 2002], S.80f.

[378] Garz/Günther/Moriabadi [Portfoliomanagement 2002], S.313.

[379] Vgl. Egner [Performancemessung bei Wertpapier-Investmentfonds 1998], S.72.

[380] Vgl. Breuer/Gürtler/Schuhmacher [Portfoliomanagement 1999], S.142.

[381] Vgl. Garz/Günther/Moriabadi [Portfoliomanagement 2002], S.313.

gleich zu anderen geeigneten Alternativen?[383]
(= **Performanceattribution**)

Die Erfolgsmessung kann entweder *eindimensional* – indem lediglich die Rendite des zu beurteilenden Portfolios berechnet wird – oder aber *zweidimensional* – indem das Portfolio-Risiko miteinbezogen wird – durchgeführt werden.[384]

In den folgenden Kapiteln werden die grundlegendsten Maße und Verfahren zur Performancemessung vorgestellt, auf die Performanceattribution hingegen wird in diesem Buch nicht genauer eingegangen. Es ist darauf hinzuweisen, dass in diesem Buch aufgrund des Umfanges nicht auf alle Messmethoden eingegangen werden kann. Es erfolgen zwar Hinweise auf alternative Verfahren zur Performancemessung, das Hauptaugenmerk liegt jedoch auf die meist verbreiteten und bekanntesten Berechnungsmethoden. Auch von der Berücksichtigung des Steuertarifs des Investors wird abgesehen.

5.3 Rendite

„Das mit einer Geldanlage über eine gewisse Zeitdauer hinweg erzielte Ergebnis in Relation zum anfänglich investierten Betrag wird als Rendite bezeichnet."[385]

Grundsätzlich lassen sich zwei Betrachtungsweisen der Rendite berücksichtigen. Einerseits die gesamte erwirtschaftete *absolute Rendite* des Fonds und andererseits die *relative (aktive) Rendite* – jene Rendite des Investmentfonds, die die Benchmark übersteigt.[386] In weiterer Folge wird von der absoluten Rendite ausgegangen.

5.3.1 Basisformel der Renditemessung

Die Basisformel dient zur Ermittlung der Rendite einer Investition ohne Mittelab- und Mittelzuflüsse innerhalb eines Betrachtungszeitraumes.[387]

---

[382] Vgl. Rehkugler [Grundlagen des Portfoliomanagements 1998], S.24.

[383] Vgl. Garz/Günther/Moriabadi [Portfoliomanagement 2002], S.313.

[384] Vgl. Garz/Günther/Moriabadi [Portfoliomanagement 2002], S.314.

[385] Spremann [Portfoliomanagement 2000], S.28.

[386] Vgl. Rath [Performancemessung von Investmentfonds 2002], S.35.

[387] Vgl. Garz/Günther/Moriabadi [Portfoliomanagement 2002], S.314.

$$R_{Inv} = \frac{K_1 - K_0}{K_0} = \frac{K_1}{K_0} - 1$$

R_{Inv}.....Rendite einer beliebigen Investition

K_0......Wert der Investition am Beginn der Periode

K_1......Wert der Investition am Ende der Periode

Die Wertsteigerung während der Periode wird ins Verhältnis zum Anfangsbestand gesetzt und dadurch erhält man die prozentuale Wertentwicklung.[388]

5.3.2 Zeitgewichtete Rendite

Bei der Errechnung der Rendite von Fonds muss bedacht werden, dass es vor allem bei offenen Investmentfonds zu Kapitalzuflüssen oder -abflüssen kommt. Der einfache Vergleich von Portfolioend- und anfangswerten erweist sich als ungeeignet.[389]

Die Wertentwicklung einer Anfangsinvestition müsste entsprechend der Wertentwicklung des Portfolios innerhalb der durch die exogenen Zu- und Abflüsse ausgezeichneten Teilintervalle nachvollziehbar sein.[390] Die zu messende Periode wird in einzelne Betrachtungszeiträume unterteilt, deren Anzahl und Dauer von den Kapitalflüssen abhängen.[391] Für die entstandenen Renditen der Teilintervalle (Betrachtungszeiträume) ist eine Kennzahl hilfreich, die die Renditen der Einzelperioden zusammenfasst. Man spricht hierbei von der *zeitgewichteten Rendite* bzw. synonym wird der Begriff *geometrische Durchschnittsrendite* verwendet.[392]

Sie eliminiert die Einflüsse der Kapitalbewegungen auf die Portfoliorendite, indem ein zeitgewichteter Durchschnitt der jeweiligen Renditen gebildet wird.[393] Die Renditen der Teilperioden werden multiplikativ miteinander verkettet.[394]

---

[388] Vgl. Garz/Günther/Moriabadi [Portfoliomanagement 2002], S.315.

[389] Vgl. Steiner/Bruns [Wertpapiermanagement 2000], S.569.

[390] Vgl. Fischer [Performanceanalyse in der Praxis 2000], S.15f. und die dort angeführten Beispiele.

[391] Vgl. Bruns/Meyer-Bullerdiek [Portfoliomanagement 2000], S.439.

[392] Vgl. Spremann [Portfoliomanagement 2000], S.33.

[393] Vgl. Steiner/Bruns [Wertpapiermanagement 2000], S.569.

[394] Vgl. Garz/Günther/Moriabadi [Portfoliomanagement 2002], S.320f. und die dort angeführten Beispiele

5.3.3 Renditeberechnung bei thesaurierenden Investmentfonds

Bei thesaurierenden Fonds erfolgt keine Ausschüttung der Erträge (Dividenden, Zinsen, Miete usw.), sondern sie werden im Fonds belassen. Die Berechnung der zeitgewichteten Rendite wird mittels der Basisformel direkt über die Anteilwerte ermittelt.[395]

5.3.4 Behandlung von Ausschüttungen

Bei ausschüttenden Fonds kann die Renditemessung nicht einfach mit der Basisformel erfolgen, da bei dieser Vorgehensweise die innerhalb des Betrachtungszeitraums erfolgte Ausschüttung unberücksichtigt bliebe.[396]

Deshalb muss durch die Prämisse der sofortigen Wiederveranlagung eine Gleichbehandlung von thesaurierenden und ausschüttenden Fonds gewährleistet sein, damit eine Vergleichbarkeit von Investmentfonds möglich wird.[397]

Sowohl die Österreichische Kontrollbank (OeKB), als auch der Bundesverband deutscher Investmentgesellschaften (BVI) gehen bei ihren Berechnungsmethoden in Bezug auf Fondsperformance von der Annahme aus, dass die Ausschüttungen vollständig wieder in den Fonds eingebracht werden und somit der nachfolgenden Entwicklung des Fonds unterliegen.[398]

5.3.5 Berechnungsmethode der OeKB

„Die Performance ist die prozentuelle Veränderung des *Berichtigten Errechneten Wertes* über den beobachteten Zeitraum."[399]

Wie bereits erwähnt, wird bei der OeKB-Methode[400] davon ausgegangen, dass die Ausschüttungen fiktiv in denselben Fonds wieder investiert werden und somit erhöht sich bei jeder Ausschüttung die Zahl der Fondsanteile um jene Anzahl von Fondsantei-

---

[395] Vgl. Fischer [Performanceanalyse in der Praxis 2000], S.18f.

[396] Vgl. Fischer [Performanceanalyse in der Praxis 2000], S.19. und die dort angeführten Beispiele.

[397] Vgl. Egner [Performancemessung bei Wertpapier-Investmentfonds 1998], S.86.

[398] Vgl. Fischer [Performanceanalyse in der Praxis 2000], S.20 sowie OeKB [Berechnungsmethoden Investmentfonds 2002], S.3.

[399] OeKB [Berechnungsmethoden Investmentfonds 2002], S.3.

[400] Die OeKB-Methode zählt zum Verfahren der *Zeitgewichteten Renditemessung*.

len, die mit dem Ausschüttungsbetrag erworben werden können. Außerdem wird davon ausgegangen, dass auch Bruchteile von Fondsanteilen erworben werden können.[401]

Die Ermittlung der Performance läuft wie folgt ab:[402]

1. Schritt: ***Ermittlung des Berichtigungsfaktors***:

Der Berichtigungsfaktor zum Stichtag *t* gibt an, wie viele Investmentanteile zum Stichtag *t* einem Anteil bei Fondsbeginn entsprechen, *unter der Berücksichtigung* von Reinvestition der Ausschüttungen und Splits[403] im Fonds selbst.

Der ***Berichtigungsfaktor*** besteht aus sämtlichen, seit dem Bestehen des Fonds bis zum Berechnungsstichtag angefallenen *Reinvestitionsfaktoren*[404] *multipliziert* mit dem Produkt aller seit dem Bestehen des Fonds bis zum Berechnungsstichtag angefallenen *Splitfaktoren*[405].

2. Schritt: ***Berechnung der Berichtigten Errechneten Werte***

Als nächsten Schritt muss der Errechnete Wert berichtigt werden. Dies erfolgt durch Multiplikation mit dem für den Stichtag gültigen Berichtigungsfaktor. Der neue Berichtigte Errechnete Wert dient zur Performancemessung.

3. Schritt: ***Ermittlung der Performance***

Die Performance eines Fonds über eine beliebig lange Periode[406] ist die prozentuelle Veränderung des Berichtigten Errechneten Wertes am Ende der Periode gegenüber dem Berichtigten Errechneten Wert am Anfang der Periode.

---

[401] Vgl. Beike/Schlütz [Finanznachrichten 2001], S.757.

[402] Vgl. hierzu und im folgenden OeKB [Berechnungsmethoden Investmentfonds 2002], S.4ff. und Beike/Schlütz [Finanznachrichten 2001], S.757f.

[403] Unter *Splits* versteht man, dass der Anteilbestand in eine größere Anzahl von Anteilen aufgespaltet wird. Die Anteile werden optisch günstiger, für den Investor ändert sich an seinem Fondsanteil jedoch nichts, da sein investierter Betrag lediglich auf mehrere Anteile verteilt wird.

[404] Der Reinvestitionsfaktor ist der *Errechnete Wert* zuzüglich die *Ausschüttung* dividiert durch den *Errechneten Wert*.

[405] Der Splitfaktor gibt an, wie viele neue Anteile einem alten Anteil entsprechen, falls es zu einem Fondssplit kommen sollte.

[406] Im Prinzip können für beliebig lange Perioden Performancekennzahlen gerechnet werden. Meistens werden die Performances für 1, 3 und 5 Jahre ermittelt.

Die OeKB-Methode berücksichtigt bei ihrer Bestimmung der Performance keine Ausgabe- bzw. Rücknahmenspesen, da sie von Fonds zu Fonds verschieden sind. Möchte der Investor die Performance seines Fonds unter Berücksichtigung des Ausgabeaufschlages kennen, so kann er die *bereinigte Performance*[407] mit der folgenden Formel ermitteln:[408]

$$Bereinigte\ Performance\ in\ \% = \left(\frac{Performance\ in\ \% + 100}{1 + \frac{Ausgabeaufschlag\ in\ \%}{100}} \right) - 100$$

Wenn man die Performance über verschieden lange Laufzeiten untereinander vergleichen will, müssen die Zahlen annualisiert werden, d.h. ab einem Jahr werden sie finanzmathematisch auf ein Jahr bezogen.[409] Mittels finanzmathematischen Funktionen in Tabellenkalkulationsprogrammen wird der Zinseszinseffekt berücksichtig und die durchschnittliche prozentuelle Jahresrendite kann ermittelt werden, die mit „jährlichen Renditen" anderer Anlagemöglichkeiten verglichen werden kann.[410]

Neben diesem zeitgewichteten Verfahren zur Renditemessung muss auch noch auf die *wertgewichtete Methode zur Performancemessung* hingewiesen werden, die bei ihrer Ertragsermittlung die zwischenzeitlichen Kapitalzuflüsse und -abflüsse einbezieht, indem diese auf den Ausgangspunkt abgezinst werden.[411] Die mit dieser Methode errechnete Rendite entspricht dem internen Zinsfuss in der Investitionsrechnung.[412]

5.3.6 Kritik an die Verfahren der Renditemessung

Bei der Verwendung des Begriffs „Rendite" ist jedoch Vorsicht geboten, da er auf der Qualität von in der Vergangenheit erfolgten Zahlungsströmen basiert und allzu leicht einfach in die Zukunft verlängert wird.[413] „Was er bei festverzinslichen Wertpapieren

---

[407] Die bereinigte Performance wird auch *Effektivperformance* oder *Anlagerendite* genannt.

[408] Vgl. Beike/Schlütz [Finanznachrichten 2001], S. 758.

[409] Vgl. OeKB [Berechnungsmethoden Investmentfonds 2002], S.7.

[410] Vgl. Fehrenbach/Kapferer [An Investmentfonds verdienen 1999], S.246f.

[411] Vgl. Wittrock [Moderne Verfahren der Performancemessung 1998], S.936.

[412] Vgl. Bruns/Meyer-Bullerdiek [Portfoliomanagement 2000], S.437.

[413] Vgl. Fehrenbach/Kapferer [An Investmentfonds verdienen 1999], S.248.

zuverlässig beschreibt – nämlich die zukünftige Wirtschaftlichkeit – kann er bei Investmentfonds nicht leisten, suggeriert dies aber.“[414]

Würden die Portfolios ausschließlich anhand ihrer erzielten Rendite beurteilt, dann wäre eine Risikostreuung nicht notwendig, da nur jeweils jener Anlagentitel im Portfolio zu halten wäre, von dem man die höchste Rendite erwartet.[415]

Da in der modernen Portfoliotheorie davon ausgegangen wird, dass sich die Anleger *risikoavers*[416] verhalten, ist das Risiko als zweites Maß zur Bewertung von Investitionen nahe liegend.[417]

Diese Erkenntnis beruht auf *Markowitz*, der im Rahmen seines Portfolio-Selection-Modells bzw. Effizienzlinie zur Einsicht kam, dass nicht nur Rendite-, sondern auch Risikoaspekte eine Rolle spielen.[418] Für jedes Risiko lässt sich eine maximale Rendite bzw. für jede Rendite ein minimales Risiko finden. Diese Portfoliotheorie basiert auf der Annahme, dass die Risiken auf einfache Weise *normalverteilt*[419] sind und die Investoren völlig rational handeln.[420]

5.4 Risiko

„In der Portfoliotheorie wird Risiko als Streuung der Renditen definiert, mithin als Maß, wie stark die Renditen und damit die Anlageergebnisse von ihrem Erwartungswert abweichen können.“[421]

Wie in der Definition der Performance beschrieben, muss neben der erwarteten Rendite auch das mit ihrem Eintreten verbundene Risiko in Betracht gezogen werden. Die

---

[414] Fehrenbach/Kapferer [An Investmentfonds verdienen 1999], S.252.

[415] Vgl. Steiner/Bruns [Wertpapiermanagement 2000], S.568.

[416] *Risikoavers* bedeutet, dass Investoren eine Anlage mit geringerem Risiko solcher mit hohem Risiko vorziehen, wenn die Rendite gleich ist.

[417] Vgl. Auckenthaler [Mathematische Grundlagen 2001], S.51.

[418] Vgl. Gräfer/Beike/Scheld [Finanzierung 2001], S.343.

[419] Einfach ausgedrückt bedeutet die Normalverteilung z.B: Für eine Aktie sind kleine prozentuale Tagesgewinne oder -verluste viel wahrscheinlicher als mittlere oder große Bewegungen nach oben oder unten. *Gauß* hat für solch ein Muster von Häufigkeiten die Formel der Normalverteilung entwickelt.

[420] Vgl. Brodbeck [Gewinn und Moral 2006], S.54.

[421] Spremann [Portfoliomanagement 2000], S.78.

Performancemessung konzentriert sich somit überwiegend auf das Portfolio und dessen verwirklichten Rendite- und Risikokennzahlen[422].[423]

Die Risikokennzahlen lassen sich für das Gesamtrisiko, bestehend aus dem systematischen und dem unsystematischen Risiko definieren.[424] Unter dem *systematischen Risiko* oder *Marktrisiko*[425] versteht man die nicht weiter diversifizierbaren Risiken, deren Übernahme durch eine Risikoprämie vergütet wird.[426] *Unsystematische Risiken*[427] bzw. titelspezifische Risiken hingegen besitzen die Eigenschaft der Elimination mit Hilfe der Diversifikation in einem breit gestreuten Portfolio (Investmentfonds).[428]

5.4.1 Klassische Risikomaße

5.4.1.1 Volatilität

„Die Volatilität wird in der Praxis häufig zur Messung des *absoluten Risikos*[429] eines Portfolios ... verwendet",[430] und bildet üblicherweise das Gesamtrisiko einer Investition ab.[431]

Es muss bedacht werden, dass in der Fachsprache die Volatilität die Streuung der *stetigen Rendite*[432] vom Mittelwert ist und weder die Streuung der einfachen Rendite noch die Streuung der Kurse.[433]

---

[422] Der Nutzen eines Portfolios hat im Rahmen der Performancemessung nur marginale Bedeutung, da Nutzengröße individuell sind und schwer objektivierbar.

[423] Vgl. Bruns/Meyer-Bullerdiek [Portfoliomanagement 2000], S.445ff.

[424] Vgl. Steiner/Bruns [Wertpapiermanagement 2000], S.57.

[425] Beispiele für systematische Risiken wären: Währungsrisiko, Inflationsrisiko, politische Risiken, Konjunkturrisiken, Börsenentwicklung...

[426] Vgl. Spremann [Portfoliomanagement 2000], S.208f.

[427] Beispiele für unsystematische Risiken wären: Managementfehler, Kundenstruktur, Schadensfälle, Lebenszyklus/Produktpolitik...

[428] Vgl. Rath [Performancemessung von Investmentfonds 2002], S.59.

[429] Das absolute Risiko zeigt die Gefahr, wie sehr die zukünftige Wertentwicklung von der historischen im Mittel erzielten Rendite abweicht.

[430] Vgl. Fischer [Performanceanalyse in der Praxis 2000], S.233.

[431] Vgl. Steiner/Bruns [Wertpapiermanagement 2000], S.57.

[432] Die stetige Rendite wird mittels der Logarithmenrechnung ermittelt.

[433] Vgl. Spremann [Portfoliomanagement 2000], S.360.

Die Volatilität lässt sich grundsätzlich bei jeder Anlage zur Risikomessung verwenden[434] und basiert auf der Berechnung der Standardabweichung, die ihrerseits aus der Varianz berechnet wird.[435]

Je höher diese Volatilität eines Fonds der Vergangenheit ist, desto höher das Wertschwankungsrisiko. „Die Volatilität ist somit ein Indikator für die Schwankungsintensität des Anteilwertes und damit für das Risiko, einen Teil seines Geldes zu verlieren.“[436]

5.4.1.2 Betafaktor

Da die unsystematischen Risiken durch Diversifikation eliminiert werden können, fällt bei der Bewertung von Anlagetiteln besonders das systematische Risiko ins Gewicht.[437]

In der Kapitalmarkttheorie[438] ist der *Betafaktor (β-Faktor)* das Maß für das mit einer Veranlagung übernommene *systematische Risiko.*[439] Er misst die Sensitivität der Portfoliorendite gegenüber der Entwicklung des Marktes[440] (abgebildet durch eine Benchmark).[441]

Ein Betafaktor größer als 1 bedeutet, dass das Portfolio risikoreicher als die Benchmark ist und sich die Kursveränderungen überproportional verändern; ein Faktor kleiner als 1 zeigt, dass das Portfolio risikoärmer als die dazugehörige Benchmark ist, und sich die Kursverläufe unterproportional verändern.[442] Ist der *β*-Faktor genau 1, so sind die Kursveränderungen des Fonds zum Gesamtmark genau identisch, d.h. steigt der Markt um 10%, ist auch von einem Kursanstieg des Fonds um 10% zu rechnen.[443] Je höher der Wert des Betas eines Fonds ist, desto größeren Renditeschwankungen und somit höheren systematischen Risiken ist er gegenüber dem Markt (Vergleichsindex) unter-

---

[434] Zur Volatilitätsberechnung vgl. Goodall-Rathert [Volatilitätsprognosen 1998], S.489-519.

[435] Vgl. Steiner/Bruns [Wertpapiermanagement 2000], S.56f.

[436] Vgl. Beike/Schlütz [Finanznachrichten 2001], S. 762.

[437] Vgl. Gräfer/Beike/Scheld [Finanzierung 2001], S.351.

[438] Vgl. Gräfer/Beike/Scheld [Finanzierung 2001], S.331-358.

[439] Vgl. Steiner/Bruns [Wertpapiermanagement 2000], S.64.

[440] Das Marktportfolio ist vollkommen diversifiziert und enthält nur noch das systematische Risiko. Der Betafaktor ist 1.

[441] Vgl. Fischer [Performanceanalyse in der Praxis 2000], S.261f.

[442] Vgl. Steiner/Bruns [Wertpapiermanagement 2000], S.64.

[443] Vgl. Egner [Performancemessung bei Wertpapier-Investmentfonds 1998], S.205.

worfen.[444] Eine hohe Schwankungsintensität bedeutet aber auch, dass der Investmentfonds chancenreicher als der Markt sein kann.[445]

Die Berechnung des Betas eines Portfolios ergibt sich ganz einfach durch die Gewichtungen der einzelnen Betafaktoren mit den jeweiligen Portfolioanteilen.[446]

In der Finanzwelt ist der Betafaktor als Maßstab für das systematische Risiko sehr beliebt, jedoch zeigen Untersuchungen, dass die Bewertungen von Investmentfonds mittels des β-Faktors tendenziell zur Unterbewertung des systematischen Risikos führen.[447]

5.4.1.3 Korrelation

Bei Kapitalanlagen mit gleichem Beta ist jene vorzuziehen, die den höheren Korrelationskoeffizienten aufweist,[448] da diese Maßzahl die Güte und Aussagekraft des β-Faktors beurteilt.[449]

„Der Korrelationskoeffizient zeigt die Stärke des Zusammenhanges zwischen Fonds- und Indexentwicklung und außerdem die Richtung der Renditeänderung an.“[450]

Die Bedeutung der Korrelation als Risikomaß ist besonders bei der Portfoliobildung gegeben, und dargestellt kann dieses Maß mit Werten zwischen +1 und -1 werden.[451] Eine Korrelation von +1 besagt, dass die Renditen von Fonds und Index gleichlaufend sind und sich vollständig positiv korrelieren. Bei einem Wert von -1 verlaufen die Renditen von Fonds und Marktportfolio vollkommen gegenläufig und wenn der Korrelationswert 0 ist, dann besteht überhaupt kein Zusammenhang zwischen den Renditen.[452]

---

444 Vgl. Fischer [Performanceanalyse in der Praxis 2000], S.262.

445 Vg. Beike/Schlütz [Finanznachrichten 2001], S. 762.

446 Vgl. Steiner/Bruns [Wertpapiermanagement 2000], S.64.

447 Vgl. Los [The under-representation of the systematic risk 1997], S.30f.

448 Vgl. Egner [Performancemessung bei Wertpapier-Investmentfonds 1998], S.205.

449 Vgl. Beike/Schlütz [Finanznachrichten 2001], S. 763.

450 Beike/Schlütz [Finanznachrichten 2001], S. 763.

451 Vgl. Steiner/Bruns [Wertpapiermanagement 2000], S.68.

452 Vgl. Auckenthaler [Mathematische Grundlagen 2001], S.79.

Dies bedeutet nun, dass bei einem Fonds mit positiver Korrelation der Anteilwert normalerweise immer dann steigt (sinkt), wenn auch das Marktportfolio steigt (sinkt). Ein Fonds mit negativer Korrelation besagt, dass bei steigender Benchmark der Anteilwert des Fonds in der Regel gleichzeitig sinkt und vice versa.[453]

Ein Risiko entsteht immer dann, wenn ein Fonds einen sehr geringen Korrelationskoeffizienten (Wert nahe Null) aufweist, da dies ein Indiz für starke Zufallseinflüsse ist und die Marktentwicklung nicht erreicht wurde.[454]

5.4.1.4 Tracking Error

Der *Tracking Error*[455] wird als Risiko des Anlegers interpretiert, mit einem bestimmten Fonds die Rendite der betreffenden Benchmark zu verfehlen.[456] Demzufolge ist der Tracking Error ein Maß für die Qualität der Benchmarknachbildung vor allem bei passivem Portfoliomanagement.[457]

Mittels des Tracking Error wird die Managementleistung mittels der *relativen Performance* gegenüber der Benchmark beurteilt und die absolute Performance tritt in den Hintergrund.[458]

Mathematisch ausgedrückt ist der Tracking Error die Standardabweichung der Differenz zwischen Fonds- und Benchmarkrendite.[459] Je höher dieses statistische Maß für Investmentfonds ist, desto größer das Risiko, mit dem Fonds in Zukunft von der Benchmarkrendite abzuweichen.[460]

5.4.1.5 Kritik an die Verfahren der klassischen Risikomessung

Ein Kritikpunkt der auf die meisten Risikomaße zutrifft ist die Annahme, dass sie über die Betrachtungsdauer als konstant angenommen werden, was jedoch nicht der Wirk-

---

[453] Vgl. Beike/Schlütz [Finanznachrichten 2001], S. 763.

[454] Vgl. Steiner/Bruns [Wertpapiermanagement 2000], S.69.

[455] Der Begriff *Tracking Error* stammt aus dem Englischen und könnte mit „Abweichung (Error) von der verfolgten (getrackten) Index-Rendite“ übersetzt werden.

[456] Vgl. Beike/Schlütz [Finanznachrichten 2001], S. 763.

[457] Vgl. Steiner/Bruns [Wertpapiermanagement 2000], S.71.

[458] Vgl. Fischer [Performanceanalyse in der Praxis 2000], S.257.

[459] Vgl. Steiner/Bruns [Wertpapiermanagement 2000], S.71.

[460] Vgl. Beike/Schlütz [Finanznachrichten 2001], S. 764.

lichkeit entspricht.[461] „Die Entscheidung für eines der klassischen Risikomaße verliert [außerdem] ihre Bedeutung, wenn es sich um vollständig diversifizierte Portefeuilles handelt, da dann alle Maße zu dem gleichen Ergebnis führen".[462]

5.4.2 Risikomaße auf Basis der modernen Kapitalmarkttheorie (CAPM)

Im Folgenden werden die in der Praxis wohl am häufigsten verwendeten und wichtigsten zweidimensionalen bzw. risikoadjustierten Performancemaße vorgestellt[463], die auf kapitalmarkttheoretischen Modellen[464] basieren.[465]

Zunächst ein Exkurs zum CAPM:

5.4.2.1 Grundlagen des CAPM

Das bedeutendste kapitalmarkttheoretische Modell – das Capital *Asset Pricing Modell (CAPM)* – wurde um 1962-1965 von Sharpe geschaffen und von Lintner und Mossin weiterentwickelt.[466]

„Mit diesem, auf der Portfoliotheorie aufbauenden Ansatz lässt sich zeigen, dass für die Bewertung eines Anlageobjektes nicht dessen gesamtes Risiko relevant ist, sondern nur derjenige Teil, der sich trotz Diversifikation nicht beseitigen lässt."[467]

Das bedeutet, dass der Kapitalmarkt theoretisch nur systematische Risiken – dargestellt durch das β – entschädigt, und der Bestimmung dieses Risikos mittels des CAPM eine entscheidende Rolle zukommt.[468]

Das CAPM stellt ein Gleichgewichtsmodell dar, aus dem sich theoretisch der Ertrag ableiten lässt, der allein durch das Eingehen systematischer Risiken erwartet werden

---

[461] Vgl. Egner [Performancemessung bei Wertpapier-Investmentfonds 1998], S.220.

[462] Sigg [Leistungsmessung 1979], S.49, zitiert nach Rath [Performancemessung von Investmentfonds 2002], S.70.

[463] Vgl. Garz/Günther/Moriabadi [Portfoliomanagement 2002], S.329f.

[464] Unter kapitalmarktorientierten Modellen werden all jene Modelle zusammengefasst, die zur Bestimmung der Renditen einzelner risikobehafteter Assets dienen.

[465] Vgl. Fischer [Performanceanalyse in der Praxis 2000], S.271.

[466] Vgl. Spremann [Portfoliomanagement 2000], S.212.

[467] Gräfer/Beike/Scheld [Finanzierung 2001], S.345.

[468] Vgl. Wittrock [Moderne Verfahren der Performancemessung 1998], S.944.

kann.[469] Das CAPM trägt dem risikoaversen Verhalten der Anleger Rechnung und versucht, den Risikozuschlag zu quantifizieren. Primär werden dabei modelltheoretisch Marktpreise für die Übernahme der Risiken ermittelt, die der Investor im Zuge der Kapitalüberlassung auf sich nimmt. Je höher daher das Investitionsrisiko für den Investor ist, desto höher muss entsprechend des linearen Rendite- Risiko-Zusammenhangs, auf dem das CAPM basiert, die Risikobereitschaft entgolten werden.[470]

Je nachdem, welches Portfoliorisiko ein Investor zu tragen bereit ist, ergibt sich die erwartete Portfoliorendite aus der risikolosen Verzinsung zuzüglich einer erwarteten Risikoprämie für die Veranlagung in das riskante Marktportfolio. Die erwartete Rendite eines riskanten Titels ergibt sich nun aus der risikolosen Verzinsung zuzüglich der erwarteten Risikoprämie für die riskante Veranlagung, die sich durch Multiplikation der erwarteten Risikoprämie für den gesamten Kapitalmarkt mit dem normierten systematischen Risiko *(Beta)* der riskanten Veranlagung ergibt.[471]

$$i_{EK} = \underbrace{i_{RF}}_{\text{Sekundärmarktrendite}} + \underbrace{\beta_V * \underbrace{(i_{RM} - i_{RF})}_{\text{Risikoprämie des Marktes}}}_{\text{Risikoprämie}}$$

i_{EK} = *Erwartete Rendite des Wertpapiers*

i_{RF} = *risikofreier Zinssatz*

β_V = *Systematische Risiko des verschuldeten Unternehmens*

i_{RM} = *Rendite des Marktportfolio*

Quelle: in Anlehnung an Nadvornik [Skriptum, Corporate Finance] Folie 27

Abb.12: Berechnung des CAPM

Zusammenfassend ist zu sagen, dass das Ziel des CAPM zum einen ist, welche Portfoliorendite bei welchem Risiko zu erwarten ist, wenn alternativ am Kapitalmarkt eine risikolose Kapitalanlagemöglichkeit besteht (Kapitalmarktlinie), und zum anderen,

---

469 Vgl. Steiner/Uhlir [Aktienanalyse 2001], S.186.

470 Vgl. Zemelka [Value-Reporting 2002], S.57f.

welche Rendite ein Wertpapier als Bestandteil des Marktportfolios aufweist (Wertpapierlinie).[472]

Die folgenden Kennzahlen haben nun das Ziel, einen systematischen Zusammenhang zwischen dem Risiko und der erwarteten Rendite einer Anlage herzustellen.[473]

Mit Hilfe der Sharpe- und Treynor-Ratio soll die Frage geklärt werden, ob das Portfolio in einem gegebenen Zeitraum die festgelegte Benchmark risikoadjustiert übertroffen hat oder nicht.[474]

5.4.2.2 Sharpe-Ratio

Das *Sharpe-Ratio*[475] hat sich in der Praxis am meisten durchgesetzt.[476] Es handelt sich um ein Maß zur relativen Leistungsmessung, womit Portfolios in sinnvoller Weise untereinander verglichen werden können.[477]

Beim Sharpe-Maß wird die erzielte Überschussrendite ins Verhältnis zu dem dafür eingegangenen gesamten Risiko gesetzt.[478] Bei mehreren Anlagevarianten hat schließlich diejenige die beste Performance, welche das höchst Sharpe-Maß aufweist.[479]

Die Überschussrendite ist die Belohnung für die Übernahme des Risikos und wird aus der Differenz zwischen der erwirtschafteten Portfoliorendite und einer risikolosen Verzinsungsrate ermittelt. Das eingegangene Risiko spiegelt die Volatilität der erwirtschafteten Portfoliorenditen wider.[480]

Mathematisch[481] wird die Sharpe-Ratio folgend berechnet:[482]

---

[471] Vgl. o.V. [Portfoliotheorie 1997], S.337.

[472] Vgl. Keuper [Finanzmanagement 2000], S. 93.

[473] Vgl. Fischer [Performanceanalyse in der Praxis 2000], S.271.

[474] Vgl. Bruns/Meyer-Bullerdiek [Portfoliomanagement 2000], S.449.

[475] Das Sharpe-Ratio wird auch *Reward-to-Variability Ratio* genannt und wurde von W. SHARPE 1966 eingeführt.

[476] Vgl. Spremann [Portfoliomanagement 2000], S.268.

[477] Vgl. Fischer [Performanceanalyse in der Praxis 2000], S.272f.

[478] Vgl. Fehrenbach/Kapferer [An Investmentfonds verdienen 1999], S.254.

[479] Vgl. Beike/Schlütz [Finanznachrichten 2001], S.40.

[480] Vgl. Steiner/Bruns [Wertpapiermanagement 2000], S.576.

[481] Für eine exemplarische und grafische Darstellung siehe Steiner/Bruns [Wertpapiermanagement 2000], S.577ff.

$$SR = \frac{R_{PF} - R_f}{\sigma_{Pf}}$$

R_{Pf}.....Gemessene Rendite des Portfolios

R_f.......Rendite der risikolosen Anlage

σ_{Pf}......Standardabweichung der Renditewerte des Portfolios.

„Die Sharpe-Ratio ist somit ein Maß für die erzielte Überschussrendite pro übernommene absolute Risikoeinheit.“[483]

Je günstiger das Verhältnis zwischen der Überschussrendite und dem dafür eingegangenen Gesamtrisiko, desto besser ist das Rendite- Risikoverhältnis[484] und desto höher fällt das Sharpe-Ratio aus.[485]

Das Sharpe-Maß fußt auf dem Grundgedanken der Kapitalmarktlinie.[486] Man geht davon aus, dass eine riskante Anlageform (z.B. ein Aktienfonds) auf Dauer zumindest eine Rendite aufweisen muss, die man auch mit einer risikolosen Alternative (etwa eine Staatsanleihe) erzielen kann. Ansonsten wäre es für einen risikoaversen Anleger von vornherein sinnvoller, die risikolose Anlag zu wählen.[487]

Der *Vorteil* dieser risikoadjustierten Performancemessung ist, dass unterschiedlich strukturierte Investmentfonds und Benchmarks in eine Reihenfolge gebracht werden können, um die besten Fonds in punkto Performance-Qualität ausfindig zu machen.[488] Fonds mit unterschiedlichem Risiko können somit verglichen werden.[489]

Die Maßzahl Sharpe-Ratio verliert jedoch an Aussagekraft, wenn die Wertentwicklung der betrachteten Portfolios kleiner als der risikofreie Zins ist. Eine negative Wertentwicklung würde völlig falsche und verwirrende Ergebnisse in der Rangfolge widerspie-

---

[482] Vgl. hierzu und im folgenden Fischer [Performanceanalyse in der Praxis 2000], S.271.

[483] Fischer [Performanceanalyse in der Praxis 2000], S.271.

[484] Vgl. Steiner/Bruns [Wertpapiermanagement 2000], S.576.

[485] Vgl. Fehrenbach/Kapferer [An Investmentfonds verdienen 1999], S.254.

[486] Vgl. Egner [Performancemessung bei Wertpapier-Investmentfonds 1998], S.206.

[487] Vgl. Beike/Schlütz [Finanznachrichten 2001], S.40.

[488] Vgl. Garz/Günther/Moriabadi [Portfoliomanagement 2002], S.330.

[489] Vgl. OeKB [Berechnungsmethoden Investmentfonds 2002], S.13.

geln.[490] Außerdem sollte im Sinne der Vergleichbarkeit von internationalen Fonds bedacht werden, dass ein einheitlicher risikoloser Zinssatz verwendet wird.[491] Ein weiterer *Nachteil* des Sharpe-Maßes ist die Messung des eingegangenen Risikos mittels der Volatilität, welche eine Kennzahl für das gesamte absolute Risiko ist.[492] Bei Portfolios mit gleicher Rendite und gleichem Risiko wäre die Kenntnis des systematischen und des unsystematischen Risikos von Vorteil. Ein risikoscheuer Anleger würde einen Fonds mit geringerem systematischem Risiko vorziehen, da das unsystematische Risiko durch weitere Anlagewerte eliminiert werden könnte.[493]

Dieser Nachteil wird von der folgenden Kennzahl berücksichtigt.

5.4.2.3 Treynor-Ratio

Die *Treynor-Ratio*[494] unterscheidet sich von der Sharpe-Ratio nur dadurch, dass die verwendete Risikokennziffer nicht die Volatilität, sondern der aus dem CAPM bekannte β-Faktor (systematische Risiko) ist.[495]

„Die Treynor-Ratio drückt jene Überrendite aus, die mit einem Risiko – gemessen durch das Beta der Vergangenheit – von 1 hätte erzielt werden können."[496]

---

[490] Vgl. Garz/Günther/Moriabadi [Portfoliomanagement 2002], S.330.

[491] Spremann [Portfoliomanagement 2000], S.271.

[492] Vgl. Fischer [Performanceanalyse in der Praxis 2000], S.273.

[493] Vgl. Egner [Performancemessung bei Wertpapier-Investmentfonds 1998], S.208.

[494] Die Treynor-Ratio wird auch *Reward-to-Volatility-Ratio* bezeichnet.

[495] Vgl. Garz/Günther/Moriabadi [Portfoliomanagement 2002], S.333.

[496] Spremann [Portfoliomanagement 2000], S.271.

Mathematisch[497] wird die Treynor-Ratio folgend berechnet:[498]

$$TR = \frac{R_{Pf} - R_f}{\beta_{Pf}}$$

R_{Pf}.....Gemessene Rendite des Portfolios

R_f.......Rendite der risikolosen Anlage

β_{Pf}......Geschätztes Beta[499] des Portfolios relativ zur Benchmark.

Da beim Treynor-Ratio die Überschussrendite mit dem nicht diversifizierbaren Risiko relativiert wird, sollte dieses Performancemaß von einem Investor verwendet werden, für den das in Betracht stehende Portfolio Bestandteil eines höheren Portfolios ist, so dass das unsystematische Risiko vernachlässigt werden kann.[500] Sodann kann auch hier ein Ranking von unterschiedlichen Portfolios vorgenommen werden, die relativ zu einer gemeinsamen Benchmark verwaltet werden.[501]

Beanstandet wird bei der Treynor-Ratio meist, dass das unsystematische Risiko des Portfolios vollkommen außer Acht gelassen wird.[502] In der Anlagepraxis kann jedoch von einem Portfolio ohne unsystematisches Risiko keineswegs immer ausgegangen werden. Des Weiteren unterliegt das Treynor-Maß den Kritikpunkten[503] des CAPM, da es aus ihm abgeleitet wird.

Eine ausschließliche Anwendung der Treynor-Ratio kann aufgrund der beschriebenen Kritikpunkte problematisch sein. Wird dieses Maß allerdings gemeinsam mit der Sharpe-Ratio angewendet, so ergibt sich ein tieferer Einblick in die Struktur des zu

---

[497] Für eine exemplarische und grafische Darstellung siehe Steiner/Bruns [Wertpapiermanagement 2000], S.579ff.

[498] Vgl. hierzu und im folgenden Fischer [Performanceanalyse in der Praxis 2000], S.274.

[499] Es muss vorweg festgelegt werden, welches das Portfolio oder die Benchmark ist, bezüglich dessen das Beta ermittelt werden soll.

[500] Vgl. Wittrock [Performance von Wertpapierportfolios 2000], S.79f.

[501] Vgl. Fischer [Performanceanalyse in der Praxis 2000], S.273.

[502] Vgl. hierzu und im folgenden Steiner/Bruns [Wertpapiermanagement 2000], S.581.

[503] Das CAPM ist empirisch nicht testbar und somit wertlos; die Zusammensetzung des Marktportfolios verändert sich immer wieder; risikolose Anlagemöglichkeiten existieren in der Praxis nicht; der vollkommene Kapitalmarkt ist nur eine Annahme; homogene Erwartungen der Anleger...

beurteilenden Portfolios, da sie komplementäre Informationen liefern.[504] Liegt das Ranking eines Investmentfonds nach Treynor über dem nach Sharpe, ist der Unterschied auf die ungenügende Diversifikation des Portfolios zurückzuführen.[505]

Die folgende Abbildung zeigt zusammenfassend einen Vergleich zwischen Sharpe-Ratio und Treynor-Ratio.

Sharpe-Ratio	Treynor-Ratio
•Gesamtes Risiko	•Systematische Risiko
•Beurteilung eines vollständig diversifizierten Portfolio	•Beurteilung von weniger stark diversifizierten Portfolios
•Keine Beta-Schätzung notwendig	•Benötigt eine Beta-Schätzung
•Risiko wird als Standard-abweichung der Rendite ausgedrückt	•Risiko wird als Beta ausgedrückt

Finsinger [Die richtigen Kennzahlen zur Fondsbewertung 2005], S.9.

Tab.2: Vergleich zwischen Sharpe-Ratio und Treynor-Ratio

5.4.2.4 Jensen-Alpha

Wie schon die Treynor-Ratio basiert auch das *Jensen-Alpha*[506] auf der Wertpapierlinie[507] des CAPM als theoretische Grundlage der Performancemessung.[508] Es geht darum, die Portfoliowertentwicklung im Hinblick auf das systematische Risiko vergleichbar zu machen.[509]

---

504 Vgl. Steiner/Bruns [Wertpapiermanagement 2000], S.581.

505 Vgl. Egner [Performancemessung bei Wertpapier-Investmentfonds 1998], S.211.

506 Auch bekannt unter dem Ausdruck *Differential Return.*

507 Zur Wiederholung: Die Wertpapierlinie gibt den Preis eines Einzeltitels und deren Beitrag zum systematischen Risiko (*β)* an.

508 Vgl. Steiner/Bruns [Wertpapiermanagement 2000], S.581.

509 Vgl. Garz/Günther/Moriabadi [Portfoliomanagement 2002], S.336.

Durch Marktungleichgewichte entstehen Abweichungen der Portfoliorendite zur Wertpapierlinie. Das Maß von Jensen gibt diese Abweichung in Form einer absoluten Risikomessung wider.[510]

Mathematisch[511] wird das Jensen-Alpha folgendermaßen berechnet:[512]

$$\alpha_{PF} = (R_{PF} - R_f) - (R_{BM} - R_f) * \beta_{PF}$$

α_{PF} ......*Jensen's Alpha*

R_{PF} ......*gemessene Portfoliorendite*

R_f ....*risikolose Verzinsung*

R_{BM} .....*gemessene Rendite des Benchmarkportfolios (Marktindex)*

β_{PF} .....*Betafaktor der Rendite des betrachteten Portfolios.*

„Jensen's Alpha ist somit die Differenz der tatsächlichen Überrendite zu der im [CAPM] Modell errechneten Überrendite."[513] Es ist jener Teil, der über die adäquate Risikovergütung hinausgeht und durch ein entsprechendes Fondsengagement verdient wird.[514]

Investmentfonds haben besser als erwartet abgeschnitten, wenn das Jensen Maß positiv ist bzw. oberhalb der Wertpapierlinie liegt.[515] Vice versa verhalten sich schlecht gemanagte Fonds.

„Im Gegensatz zum Sharpe- und zum Treynor-Maß erlaubt das Jensen-Maß kein einwandfreies Ranking verschiedener Portfolios, da diese jeweils mit einem unter-

---

[510] Vgl. Fischer [Performanceanalyse in der Praxis 2000], S.276.

[511] Für eine exemplarische und grafische Darstellung siehe Spremann [Portfoliomanagement 2000], S.274ff.

[512] Vgl. hierzu und im folgenden Steiner/Bruns [Wertpapiermanagement 2000], S.581.

[513] Gantenbein et al. [Anlageberatung und Portfoliomanagement 2000], S.581, zitiert nach Rath [Performancemessung von Investmentfonds 2002], S.88.

[514] Vgl. Breuer [Performancemessung 2003] S.446.

[515] Vgl. Egner [Performancemessung bei Wertpapier-Investmentfonds 1998], S.212.

schiedlich hohen systematischen Risiko ausgestattet sein können."[516] Da das Jensen-Alpha ein absolutes Risikomaß ist, erlaubt es nur einen Vergleich der Performance eines einzelnen Portfolios relativ zum Markt (Benchmark).[517]

Zu erwähnen sind noch weitere *alternative Ansätze zur Performancemessung* wie z.B.: Treynor/Black-Ratio, Abitrage-Pricing-Theorie (APT)[518], Differential Return, Risk-Adjusted Performance, Information-Ratio,[519] sowie die neueren Messmethoden wie Portfolio Change Measure (PCM), 4 Faktor-Modell, Konditionale Performance-Evalution…[520]

5.4.2.5 Kritik an die Verfahren auf Basis des CAPM

Die *Kritikpunkte* an die moderne Kapitalmarkttheorie beziehen sich vor allem auf die sehr restriktiven Modellannahmen: rationales Verhalten der Investoren, Einperiodenmodell, fehlen von Tranksaktionskosten und Steuern, Informationseffizienz und Normalverteilungshypothese.[521]

Außerdem reagieren Ergebnisse von Performancemessungen, die auf dem systematischen Risiko basieren, sehr empfindlich auf den gewählten (naturgemäß ineffizienten) Marktindex und sind durch die Hebelwirkung verbesserbar, was sich negativ auf das unsystematische Risiko auswirkt und dann möglicherweise nicht mehr diversifizierbar ist.[522] Die Rangfolge von Fonds kann durch eine geschickte Auswahl eines Index verändert werden und dadurch kann prinzipiell jedes gewünschte Resultat erzielt werden.[523]

Die meisten Modelle gehen von der Annahme aus, dass die Erträge „normalverteilt" sind, was in vielen praktischen Anwendungen auch zu brauchbaren Ergebnissen

---

[516] Steiner/Bruns [Wertpapiermanagement 2000], S.583.

[517] Vgl. Fischer [Performanceanalyse in der Praxis 2000], S.276.

[518] Die APT hat den Vorteil, die Performance ohne die Kenntnis des Marktportfolios messen zu können. Das Problem der Benchmarkbestimmung entfällt. Außerdem erfolgt eine detaillierte Risikofaktorenzerlegung (Schwankung der Zinssätze, Wechselkurse, Inflationsrate, Veränderung des BIP…)

[519] Vgl. Fischer [Performanceanalyse in der Praxis 2000], S.277ff.

[520] Vgl. Galli [Performancemessung von Investmentfonds 2003], S.26ff.

[521] Vgl. Roßbach [Probleme der Performance-Messung 1991], S.76ff.

[522] Vgl. Wilkens [Treynor-Ratio zur Market Risk-Adjusted Performance 1999], S.312ff.

[523] Vgl. Wittrock [Performance von Wertpapierportfolios 2000], S.59.

führt.[524] Viele Fachleute kritisieren jedoch, dass die Normalverteilung[525] kein gutes Abbild der Realität der Finanzmärkte sei und die Risiken beträchtlich unterschätzt werden. Die beliebte Sharpe-Ratio krankt an der Fragwürdigkeit der Standardabweichung als Risikomaß und daran, dass auch unerwartet große Gewinne als Abweichung und damit als Risiko gelten.[526]

Eine Analyse an amerikanischen Aktienfonds im Zeitraum 1976 bis 1992 kam zum Ergebnis, dass die Performancemaße von Sharpe, Treynor und Jensen nur eine sehr geringe Aussagekraft über die zukünftige Entwicklung von Investmentfonds darbringen.[527]

Der *Vorteil* der auf der modernen Kapitalmarkttheorie basierenden Performancemaße, ist die Einbeziehung des Risikofaktors.[528] Die hier gezeigten grundlegenden Performancemaße stellen einen recht guten Ansatzpunkt zur risikoangepassten Performancemessung dar.[529] „Trotz der [an den traditionellen Maßzahlen] geübten Kritik unterscheiden sich die Ergebnisse neuerer modifizierter Ansätze zum Teil nicht wesentlich von denen grundlegender Ansätze."[530] Außerdem haben sich diese Kennzahlen in Fondsprospekten, Studien und auf Internetportalen durchgesetzt, wofür sie für den privaten Investor trotz aller Einsprüche für die Beurteilung von Investmentfonds von besonderer Bedeutung sind.[531]

Das CAPM wird von einer deutlichen Mehrheit von Anlageberatern und Banken benutzt, und eine Umfrage bei den Finanzchefs in 16 europäischen Ländern zeigt, dass 77 Prozent dieses analytische Instrument verwenden.[532]

---

[524] Vgl. hierzu und im folgenden Fehr [Jenseits der Normalverteilung 2006], S.23.

[525] Der *Normalverteilung* wird unterstellt, dass die Datenänderungen, die die Märkte beeinflussen, einer einfachen, leicht berechenbaren Wahrscheinlichkeitsverteilung (Normalverteilung) gehorchen.

[526] Vgl. Fehr [Jenseits der Normalverteilung 2006], S.23 und die dort angeführten neuen finanzanalytischen Modelle zur Risikomessung von Rachev & Mittnik *(Expected Tail Loss, Stable Distribution)*.

[527] Vgl. Sauer [Mutual Fund Performance Ranking 1997], S.564f.

[528] Vgl. Roßbach [Probleme der Performance-Messung 1991], S.79.

[529] Vgl. Wilkens [Treynor-Ratio zur Market Risk-Adjusted Performance 1999], S.313.

[530] Wilkens [Treynor-Ratio zur Market Risk-Adjusted Performance 1999], S.313 und die dort zitierte Literatur.

[531] Vgl. Rath [Performancemessung von Investmentfonds 2002], S.93f.

[532] Vgl. Brodbeck [Gewinn und Moral 2006], S.61f.

Vor allem eine Kombination der dargestellten Performancekennzahlen untereinander und mit den Kostenkennzahlen ergibt ein aussagekräftiges Bild über das zu tätigenden Investment.

5.5 Global Investment Performance Standards (GIPS)

Unter den *Global Investment Performance Standards*[533] (GIPS) versteht man internationale Regeln der Performancemessung und -dokumentation.[534] Der Inhalt umfasst die verwendete Datenbasis, die Berechnungsmethoden, die Bildung von Composites[535], Zusatzinformationen und Regeln für Präsentation und Berichterstattung.[536]

In Österreich traten diese freiwilligen internationalen Standards im Jahre 2000 in Kraft und sind das Pendant zu den amerikanischen AIMR-Standards, die 1993 veröffentlicht wurden.[537] Die Vorteile für den Investor liegen in der Vergleichbarkeit der Leistungen in- und ausländischer Fondsanbieter, da die Performancezahlen einem definierten Standard entsprechen. Die Performance wird als Durchschnitt einer Vergleichsgruppe (Composite) kommuniziert wodurch dem ethisch verpönten Marketing-Gag des „Cherry-Picking[538]" ein Riegel vorgeschoben wird.

[533] Für eine ausführliche Darstellung der Standards vgl. o.V. [Global Investment Performance Standards 2000].

[534] Vgl. Winter [Performance-Standards 2002], o.S.

[535] Eine Composite ist die Zusammenfassung einer Anazahl von Portfolios zu einer Gruppe, die eine bestimmte Anlagestrategie verfolgt.

[536] Vgl. o.V. [Global Investment Performance Standards 2000], S.10f.

[537] Vgl. hierzu und im folgenden Winter [Performance-Standards 2002], o.S.

[538] Unter „Cherry Picking" versteht man, dass augenblicklich gut laufende Einzelfonds massiv beworben werden. Geht die Kursentwicklung zurück, so hat die KAG bereits einen neuen Fonds kreiert, der mit aller Kraft beworben wird.

Die Ziele, die die standardisierte Performancemessung verfolgt, sind die folgenden:[539]

- Ethisches Bekenntnis und Fairness
- Standardisierung der Bewertungs-, Berechnungs- und Präsentationsmethoden
- Vermeidung von „Cherry Picking“
- Vergleichbarkeit der Managementleistungen auf Basis der erzielten Performance
- Offenlegung aller entscheidungsrelevanten Informationen

Trotz des freiwilligen Charakters der Zertifizierung nach GIPS konnte der Finanzmarkt durch sanften Druck bewirken, dass in den USA bereits 90 Prozent aller Fondsgesellschaften die GIPS beachten.[540]

Es ist zu hoffen, dass auch in Österreich die GIPS zu einem „must-have“ für KAG's werden, um auch den Nutzen von Kleinanlegern durch ein Mehr an *Sicherheit* und *Transparenz* zu erhöhen.

5.6 Kritik aus ethischer Sicht und mögliche ethische Kennzahlen

Die Kritik aus ethischer Sicht an die Kapitalmarkttheorie richtet sich vor allem an die Rationaltheorie. Die bloße Geldgier des *Homo-oeconomicus* führte zu zahlreichen Firmen- und Börsenskandalen und zu Zusammenbrüchen von Märkten (Platzen der Internetblase).[541] Das heute vorherrschende ethikfreie Verständnis von Vorgängen auf Kapitalmärkten lässt vermissen, dass zahlreiche Philosophen, Kirchenvertreter und auch Wirtschaftstheoretiker (A. Smith, J. M. Keynes[542]) stets betonten, dass ethische Werte wie Fairness, Vertrauen und Transparenz alltäglich in den Wirtschaftsprozess einflie-

---

539 Vgl. hierzu und im folgenden o.V. [GIPS auch in Österreich 2000], o.S.

540 Vgl. Beck [Global Investment Performance Standards 2002], o.S.

541 Vgl. Brodbeck [Gewinn und Moral 2006], S.48f.

542 John Maynard Keynes schrieb in der „*General Theorie*“, dass die Wirtschaftswissenschaft keine quasi-Physikalische oder rein objektive Theorie, sondern eine Moralwissenschaft sein müsse. Außerdem ging er davon aus, dass man über die Zukunft einfach nichts weiß, in Kontrast zur Wahrscheinlichkeitsverteilung.

ßen, und dass ohne dieser elementaren Werte kein Markt längere Zeit bestehen würde.[543]

Gerade diese Werte sind jedoch durch die Fehlentwicklung an den Finanzmärkten bedroht und die Fixierung der Anleger und Fondsmanager auf traditionelle Kennzahlen hat diese Entwicklung begünstigt. „Die Rendite oder das Sharpesche „Beta" sind ungeeignet die multidimensionalen Werthaltungen der Anleger und die ethischen Strukturen der Märkte abzubilden."[544]

Ethische Kennzahlen sollen eine Orientierungshilfe bieten und haben nicht eine Mess- sondern eine Informationsfunktion. Es können dem Investor nur Investitionen geliefert werden, in welchen Bereichen sich ein Unternehmen engagiert, welche Produkte mit welchen Produktionsverfahren erstellt werden, ob die Unternehmenskultur gewisse Kriterien der Fairness, Abwesenheit von Diskriminierung, Achtung von Tierrechten usw. genügt. *Transparenz* für den Anleger zu schaffen ist die allgemeine Voraussetzung für ethische Kennzahlen, um die Entfaltung *seiner* ethischen Präferenzen zu ermöglichen.[545]

Die *Finance & Ethics Academy* in Diex/Kärnten stellte kürzlich neue Kennzahlen für die ethisch-nachhaltige Veranlagung vor. Die Kennzahl *„EDA"* steht für „ethisch dynamischer Anteil" in Portfolios und gibt an, wie hoch der nachhaltige bzw. unproblematische Volumensanteil im Vergleich zum negativen Anteil im Fonds ist.[546] Die Kennzahl *„TKey"* zeigt, ob die vorgegebenen Transparenzkriterien umfangreich erfüllt wurden[547] und die Maßzahl *„GCA"* gibt die Höhe des Anteils der Aktiengesellschaften im Fonds bekannt, welche die Global Compact Prinzipien anerkennen.[548]

Die *Finance & Ethics Academy* berücksichtigt bei ihren Performanceauswertungen nachhaltiger Fonds die beschriebenen Kennzahlen und orientiert sich nicht nur an die

---

[543] Vgl. Schäfer [Ethisch-ökologische Geldanlage zwischen hell- und dunkelgrün], S.135, sowie Brodbeck [Gewinn und Moral 2006], S.49.

[544] Brodbeck [Gewinn und Moral 2006], S.49.

[545] Vgl. Brodbeck [Gewinn und Moral 2006], S.62ff.

[546] Eine EDA von 65/35 bedeutet z.B., dass 65 Prozent der im Portfolio befindlichen Aktien aus ethischem Blickwinkel betrachtet nachhaltig sind und bei 35 Prozent eine gegenteilige Entwicklung stattfindet.

[547] TKey 1 bedeutet, dass die Transparenzkriterien umfangreich erfüllt werden.

[548] Vgl. o.V. [Ethische Kennzahlen 2006], o.S.

modernen kapitalmarktorientierten Performancemaße. Die Abbildung zeigt eine Auswahl der Top nachhaltigen Aktienfonds, wobei der Anleger den gewünschten Fonds nach ökonomischen Kennzahlen (Outperformance, KGV, Volatilität, Treynor- u. Sharpe-Ratio) und/oder ethischen Kennzahlen (EDA, TKey, GCA) auswählen kann.

Top nachhaltige Aktienfonds Performance 3 Jahre

Fondsname	*T-Key	KAG	Perf. 3J	Perf. 1J	Perf. 5J	Outperf. 3J	TER	KGV	Vola 36M	Sharpe 36M	Treynor 36M	Zufluss YTD	GC - Global Compact Anteil	EDA – Ethisch dynamischer Anteil
New Energy Fund	TKey 1	Sarasin	124,31	19,76	25,49	78,04	2,16	24,42	14,24	1,69	0,21	52.897.229	8,88	68/32
MLIIF New Energy	TKey 1	BlackRock	109,80	31,63	35,44	63,52	1,98	28,46	23,19	0,95	0,13	3.499.412.466	10,63	74/26
Activest EcoTech	TKey 1	Pioneer A.M.	97,60	24,88	44,73	51,32	1,84	20,86	12,35	1,61	0,17	97.550.527	20,91	77/23
PF-Water	TKey 1	Pictet Funds S.A.	84,43	23,35	35,01	38,16	1,17	22,52	9,96	1,80	0,20	3.299.547.546	23,30	83/17
NewPower	TKey 1	cominvest AM S.A.	80,96	4,92	10,17	34,69	1,80	20,63	17,35	1,03	0,13	1.375.299	4,17	28/72
Swisscanto (CH) Equ.Fund Green Invest	TKey 1	Swisscanto	80,21	18,62	28,92	33,94	2,00	20,65	10,24	1,62	0,17	15.375.468	14,53	83/17
UBS (Lux) Equ. Fund Global Innovators	TKey 1	UBS AG Lux	79,94	21,72	3,51	33,67	2,04	25,99	12,56	1,30	0,15	133.964.815	9,16	86/14
Vontobel Global Trend New Power Tech	TKey 1	Vontobel	78,63	19,11		32,35	1,90	23,16	13,50	1,25	0,14	-16.031.488	12,69	72/28
Ökovision	TKey 1	ÖkoWorld Lux S.A.	77,18	18,82	40,16	30,91	2,82	24,16	11,17	1,45	0,15	111.433.865	25,46	86/14
PF-European Sustainable Equities	TKey 1	Pictet Funds S.A.	72,36	22,04		26,08	0,66	15,93	8,77	1,76	0,18	165.399.605	49,55	73/27
SAM Sustainable Water Fund EUR	TKey 1	Julius Bär	71,17	20,69	45,68	24,90	2,11	21,59	9,45	1,58	0,18	525.387.358	16,71	83/17
Swisscanto (LU) PF Green Invest Equity	TKey 1	Swisscanto	67,85	14,86	15,73	21,58	2,05	21,46	9,33	1,54	0,16	55.099.500	14,37	79/21
ESPA WWF Stock Umwelt	TKey 1	Erste Sparinvest	63,23	17,78	21,13	16,95	1,66	28,10	14,60	0,95	0,10	40.909.343	5,33	88/12
Adviser I Meridio GreenBalance	TKey 1	Adviser I Fd.SICAV	62,05	8,92	-1,69	15,77	1,53	25,06	13,49	0,99	0,12	-102.311	1,64	76/24
Kepler Ethik Aktienfonds	TKey 1	KEPLER Fonds KAG	57,65	17,09		12,39	1,72	16,28	10,87	1,14	0,12	12.143.256	35,29	74/26
Mellon European Ethical In.Tracker	TKey 1	Mellon Global Inv.	57,02	18,54		10,74	1,15	14,36	8,21	1,51	0,16	-8.704.944	0,00	60/40
Fortis L Fund Equity SRI Europe	TKey 1	Fortis Investments	56,08	17,00	14,73	9,81	1,63	15,58	8,37	1,46	0,16	331.051	41,25	62/38
MEAG Nachhaltigkeit	TKey 1	MEAG Munich KAG	50,73	12,58		4,74	1,65	18,82	8,57	1,31	0,14	17.541.521	21,46	71/29
Kepler Sustainability	TKey 1	KEPLER Fonds KAG	45,96	13,21	1,47	-0,23	1,69	16,43	10,46	0,96	0,10	987.856	30,35	69/31
Sarasin Sustainable Equity	TKey 1	Sarasin	44,05	7,82	-0,34	-2,22	2,10	20,25	8,58	1,12	0,12	-26.806.133	27,63	70/30
Raiffeisen-Ethik Aktienfonds	TKey 1	Raiffeisen KAG	42,49	8,09		-3,55	1,98	20,15	10,58	0,88	0,09	1.919.182	30,59	81/19

Quelle: Finance & Ethics Academy, Nachhaltigkeitsreport 2006

Abb.13: Top nachhaltige Aktienfonds

5.7 Studien zur Performancemessung ethisch-nachhaltiger Investmentfonds

Seit dem Aufkommen an ethisch-nachhaltigen Anlagemöglichkeiten stellt sich immer wieder die Frage, ob ethisch-ökologische Investitionen in ihrer Performance besser oder schlechter abschneiden als traditionelle Anlagemöglichkeiten, oder ob sich kein Unterschied feststellen lässt.[549] Zahlreiche Studien untersuchten die Performance von ethisch-nachhaltigen Fonds, die Ergebnisse liefern jedoch kein eindeutiges Bild und

[549] Vgl. Grieble [Ethisch-ökologische Geldanlage 2001], S.89.

sind sehr unterschiedlich.[550] Von einer Outperformance der ethisch-nachhaltigen Geldanlagemöglichkeiten wird genauso berichtet wie von deren Underperformance zur Benchmark.[551]

Theoretisch müsste man bei nach ethisch strukturierten Portfolios von einer unterdurchschnittlichen Performance gegenüber dem Marktportfolio ausgehen, da [552]

- in kapitalmarkttheoretischen Modellen die Integration von außerökonomischen Kriterien (z.B. ethische/soziale Determinanten) nicht vorgesehen ist,
- durch die Anwendung ethischer Selektionskriterien eine Begrenzung des möglichen Anlagespektrums stattfindet und somit
- der Diversifikationseffekt suboptimal ausfällt und dadurch hohe Kosten entstehen würden.

Fraglich ist, ob diese theoretischen Indizien empirisch belegt werden können, beispielsweise durch die Bestätigung einer Underperformance.

Die nachfolgende Tabelle fasst den gegenwärtigen Stand empirischer und kapitalmarktorientierter Studien zusammen, in denen die Ethikkomponente (soziale und/oder ökologische Kriterien) zur Bildung ethisch-nachhaltig orientierter Portfolios berücksichtigt wurde. Der Analysegegenstand beschränkt sich auf Portfolios auf Aktienbasis.

---

[550] Vgl. Pinner [Etische Investments 2003], S.50.

[551] Vgl. Grieble [Ethisch-ökologische Geldanlage 2001], S.89.

[552] Vgl. hierzu und im folgenden Schäfer [Portfolioselektion mittels Ethik-Filtern 2002], S.104.

Autor	Analyse-gegen-stand	Analyse-zeitraum	Methodik	Ergebnisse
Armbrus-ter (2000)	Fonds	1994-1998	Die Performance ökologie-orientierter Fonds aus Deutschland und England wurden anhand des Sharpe- und Treynor-Ratio ggü. einer Benchmark bestimmt.	Tendenziell kann eine schlechtere Performance der Fonds ggü. der Benchmark festgestellt werden. Britische Fonds erzielten bessere Ergebnisse als deutsche Fonds und können z.T. eine marktnahe als auch überdurchschnittliche Performance verzeichnen.
Bruck-ner/ von Pföstl (2005)	Aktien-portfolio	1999-2003	Renditen und Volatilitäten sowie Sharpe- und Treynor-Ratios wurden von nachhaltigen und konventionellen Portfolios miteinander verglichen.	Die Performance nachhaltiger Portfolios ist nicht nur nicht schlechter, sonder sogar besser.
Dhrymes (1998)	Aktien-portfolio	1991-1996	464 Aktien von US-Unternehmen, ausgewählt nach 17 Sozialkriterien, wurden in ihrer Rendite ggü. der Benchmark analysiert.	Kein Nachweis für einen relativen Renditeunterschied zwischen den verglichenen Portfolios.
Di Barto-lomeo/ Kurtz (1999)	Index	1990-1999	Domini 400 Social Index wurde dem S&P 500 Index ggü. gestellt.	Deutliche Outperformance des Domini 400 Social Index.
e-fundre-search. com (2007)	Fonds	2001-2006	Globale Aktienfonds und nachhaltige Fonds wurden anhand der Sharpe-Ratio mit dem MSCI-World Index verglichen.	44% der globalen Aktienfonds schlugen den MSCI World während die Outperformance-Quote bei den nachhaltigen Fonds bei 22% lag.
Finance & Ethics Academy (2007)	Fonds	2006	Performancevergleich nachhaltiger Aktienfonds mit Gesamtmarkt (Aktienfonds).	Im Jahr 2006 lagen die Nachhaltigkeitsfonds im Performancevergleich knapp hinter dem Gesamtmarkt.
Goldrey-er/Diltz (1999)	Fonds	1990-1997	Vergleich konventioneller Fonds mit Ethikfonds anhand des Jensen-Alphas, Treynor- und Sharpe-Maßes.	Keine eindeutigen Performanceunterschiede zwischen traditionellen und ethischen Fonds.
Gotts-mann/ Kessler (1998)	Aktien-portfolio	1992-1997	Portfolios aus Aktien des S&P 500 Index werden anhand von ökologischen Faktoren gebildet, und die Jensen-Alphas der "Best"-Portfolios denen der "Worst"-Portfolios gegenüber-	Ausschluss von Unternehmen aufgrund von Umweltkriterien hat keine signifikanten Auswirkungen auf nominale und risikobereinigte Renditen.

			gestellt.	
Gross-mann/ Sharpe (1986)	Aktien-portfolio	1959-1983	Portfolio aus U.S. Treasury Bills und Aktien ohne Unternehmens-tätigkeiten in Südafrika wird dem New-York Stock Exchange-Index gegenübergestellt.	Annualisierte Überrendite des ethischen Portfolios von 0,187%.
Guerrard (1997)	Aktien-portfolio	1987-1994	Anhand von Negativkriterien (Military, Nuclear Power, Environment, Product, Alcohol, Gamblin, Tobacco) wurde ein ethisches Portfolio konstruiert und mit einem konventionellem Portfolio verglichen.	Kein statistisch signifikanter Unterschied der risikoadjustierten Renditen beider Portfolios.
Hamil-ton/Jo/ Statmam (1993)	Fonds	1981-1990	Vergleich der Jensen-Alphas von 32 Ethikfonds und zweier konventioneller Fonds, differenziert nach ihrer Markteinführung.	Kein Performanceunterschied konventioneller Fonds zu Ethikfonds.
Knörzer (1996)	Fonds	1992-1995	Renditevergleich ökologieorientierter Fonds ggü. einem nationalen und einem internationalen Aktien-Index.	Die Mehrheit der Fonds kann die jeweilige Benchmark und den relevanten nationalen Index nicht outperformen. Britische Fonds weisen die besten Ergebnisse auf.
Kreander/ Gray/ Power/ Sinclair (2000)	Fonds		Untersuchung von Fonds aus Belgien, Deutschland, Niederlande, Norwegen, Schweiz, Schweden und UK.	Ethisch-nachhaltige Fonds und konventionelle Fonds zeigen eine sehr ähnliche Performance.
Luther/ Matatko/ Corner (1992)	Fonds	1990	Bestimmung des Jensen-Alphas und des Sharpe-Ratio britischer Ethikfonds zu einer nationalen und internationalen Benchmark.	Tendenziell geringfügige Outperformance für britische Ethikfonds.
Mallin/ Saadouni/ Briston (1995)	Fonds		29 SRI-Fonds wurden mit konventionellen britischen Fonds verglichen. Die Maßkennzahlen Sharpe-Ratio, Treynor-Ratio und Jensens-Alpha wurden verwendet.	Die Performance beider Arten von Fonds war ausgeglichen.
Schröder (2003)	Fonds	2000-2002	16 SRI-Fonds aus Deutschland und der Schweiz sowie 30 SRI-Fonds aus den USA wurden mittels des Jensen-Alpha überprüft.	Keine signifikant schlechtere Performance von SRI-Fonds zu konventionellen Fonds.
Teper (1992)	Fonds	1979-1989	Renditevergleich ethisch-ökologischer Fonds ggü. S&P 500-Index.	Ethik-orientierte Anleger erzielten eine ca. 1% niedrigere annualisierte Rendite ggü. der Benchmark, während „Sinn-Stocks“ die Benchmark outperformten.

Travers (1997)	Fonds	1992-1997	Renditevergleich von Fonds zum Morgan Stanley Capital International Europe, Australia and the Far East Index.	Ethisch-ökologisch orientierte Fonds erzielten ggü. der Benchmark eine Outperformance von durchschnittlich 1,2%.
Wheat (2002)	Fonds	1999-2001	Das Rendite-Risiko-Verhältnis von US-Fonds mit Umwelt- und Sozialanforderungen wurde analysiert. Die annualisierte Rendite und die Volatilität wurden ins Verhältnis gesetzt.	32% der Fonds hatten eine höhere Rendite bei gleichzeitig geringerem Risiko als vergleichbare konventionelle Fonds.
White (1995a)	Aktienportfolios	1989-1992	Jensen-Alphas von 97 notierten und ökologisch gerateter Unternehmen werden ggü. den CRSP-Index bestimmt.	Die Ankündigungen von Unternehmen, die als ökologisch geratet wurden, höhere Umweltstandards einzuführen, bewirkte einen signifikanten Kursanstieg.
White (1995b)	Umweltfonds	1991-1993	Vergleich der Performance von US-Umweltfonds zum S&P 500 Index und zum DSI 400. Vergleich deutscher Umweltfonds zum DAX.	Underperformance für US-Fonds signifikant; leichte Underperformance für deutsche Fonds.
Zimmermann (1998)	Fonds	1993-1997	Renditevergleich ökologieorientierter Fonds mittels Jensen-Alpha ggü. den MSCI World Index.	Outperformance britischer Fonds und Underperformance der US-Fonds.
Quelle: In Anlehnung an Schäfer [Portfolioselektion mittels Ethik-Filtern 2002], S.133ff., Bruckner/von Pföstl [Nachhaltige Performance 2005], S.34 und 39, Schröder [Socially Responsible Investments 2003], S.4ff., Pinner [Ethische Investments 2003], S.51ff.				

Tab.3: Überblick über Performancestudien

Trotz divergierender Ergebnisse können aus den Studien die folgenden Schlussfolgerungen abgeleitet werden:[553]

- Im Schnitt existiert eine „Ethik-Prämie", die der Investor wegen der Einschränkung des Anlageuniversums zu bezahlen hätte, *nicht*.
- Die Wahl des Zeitpunktes der Untersuchung ist von Bedeutung, da ethisch-nachhaltige Fonds eher einen defensiven Charakter aufweisen.
- Je kürzer der Analysezeitraum, desto geringer ist die Aussagekraft der Studie.

[553] Vgl. hierzu und im folgenden Pinner [Ethisches Investment 2003], S.50f., Plinke [Aktienperformance und Nachhaltigkeit 2002], S.27., sowie Grieble [Ethisch-ökologische Geldanlage 2001], S.90.

- Trotz nicht deckungsgleicher ethisch-nachhaltiger Fonds etwa in Europa und in den USA weisen die Performancestudien in eine ähnliche Richtung.

- Best-in-Class gemanagte Fonds weisen im Durchschnitt keine Underperformance auf und können mit dem Gesamtmarkt mithalten.

- Fonds, die durch Positiv- und/oder Negativkriterien erstellt wurden, haben einen deutlich höheren Tracking Error.

- Ob eine Outperformance erwirtschaftet werden kann, hängt in weiterer Folge von den Kriterien, dem Timing und der Portfoliogestaltung (Titelauswahl) ab.

- Systematische Vorteile bringen jene Nachhaltigkeitsansätze, die auf Branchenschwerpunkte setzen (z.B. Neue Energien, Ökologie und Umwelttechnologie).

- Es gibt hinweise darauf, dass alternative Fonds eine geringere Korrelation zum Gesamtmarkt aufweisen als traditionelle Fonds und somit zu Zwecken der Portfoliodiversifikation besonders wertvoll sein können.

Es kann somit nicht von vornherein behauptet werden, dass die Performance eines ethisch-nachhaltigen Fonds automatisch besser bzw. automatisch schlechter ist, als die seiner Benchmark. Die empirische Forschung kann keine eindeutige Underperformance nachweisen, in zahlreichen Studien wurde eine Outperformance festgestellt,[554] die eine tendenziell sogar bessere finanzielle Performance erwarten lässt.[555] Es kommt natürlich auch hier auf den Einzelfall an und die jeweils konkrete Zusammensetzung der Fonds.

„Aber es ist möglich, zusätzlich zu den traditionellen Kriterien von Sicherheit und Verfügbarkeit weitere Kriterien [wie ethische Verantwortbarkeit] hinzuzunehmen, ohne die Rentabilität der Anlage zu gefährden. Im Gegenteil: Es lässt sich möglicherweise sogar die langfristige Sicherheit der Anlage erhöhen.“[556]

---

[554] Vgl. Schäfer [Portfolioselektion mittels Ethik-Filtern 2002], S.115 und S.130.

[555] Vgl. Plinke [Aktienperformance und Nachhaltigkeit 2002], S.23.

[556] Wilke [Ethisch-ökologisches Investment 2002], S.18.

6 Resümee

6.1 Kritische Würdigung

Sowohl das steigende *ökologische* (Bio-Lebensmittel, Klimawandel, Naturkatastrophen...) und *soziale Bewusstsein* (Einhaltung der Menschenrechte, Arbeitsbedingungen, nachhaltige Unternehmensentwicklung...) der Anleger, als auch die *Erfahrungen mit Börsen- und Firmenskandalen* (Enron, Worldcom, Parmalat...) führten ethische Investments aus ihrem Nischendasein.

Außerdem wuchs die Akzeptanz in der Finanzwelt für nachhaltige Geldanlagen, die gesetzlichen Vorgaben für mehr Transparenz wurden verbessert, und das Thema der Nachhaltigkeit wurde in Unternehmen und den Finanzsektor miteinbezogen.[557]

Vor allem die starken Zuflüsse in den Markt für ethisch-nachhaltige Investmentfonds zeigen, dass die Investoren neben der Performance auch moralische Aspekte in den Investmentprozess einbringen und somit einen positiven Einfluss auf die nachhaltige Entwicklung nehmen.

Doch wie empirische Studien beweisen, geht eine Investition in ethisch-nachhaltige Fonds nicht mehr zwingend mit einem Renditeverzicht gegenüber traditionellen Fonds einher.

Nach den herkömmlichen Erkenntnissen der Porfolio Selection würde das *Ethical Stock Picking* zu einer suboptimalen Zusammensetzung von Anleger-Portfolios und einer mangelnden Ausschöpfung des Diversifikationseffekts führen. Durch die Studien wurde aber nachgewiesen, dass traditionelle Portfolios durch nach ethischen Kriterien strukturierte Portfolios sogar dominiert werden können.[558]

Der Prozess der Titelauswahl aus dem ethisch-nachhaltigen Aktienuniversum spielt für die finanzielle Performance eine entscheidende Rolle. „Dabei kommt es darauf an, dass nachhaltige Titel letztlich nicht nur eine gute Umwelt- und Sozialperformance aufweisen, sondern auch finanziell erfolgsversprechend sind. (...) Eine enge Verzahnung

---

[557] Vgl. Eurosif [European SRI Study 2006], S.12.

[558] Vgl. Schäfer [Portfolioselektion mittels Ethik-Filtern 2002], S.130.

zwischen Portfoliomanagement, Finanzanalyse und Umwelt- und Sozialanalyse [ist unerlässlich]."[559]

Doch nach wie vor krankt der Begriff des ethisch-nachhaltigen Investments an uneinheitlichen Begriffsdefinitionen und zu geringer Transparenz. Einige schwarze Schafe versuchen durch irreführende Formulierungen den Anleger unter dem Deckmantel der Nachhaltigkeit anzuwerben.

Man darf also nicht jedem Werbeprospekt trauen, das ethische Investments verspricht. Hier Transparenz für den Anleger zu schaffen ist die allgemeine Voraussetzung für ethische Kennzahlen. Die im Fonds enthaltenen Unternehmen müssen kritisch beurteilt werden, und auf die Hilfe von Rating- und Researchagenturen zurückgegriffen werden.

6.2 Ausblick

Es ist abzuwarten, ob die Rekordzuflüsse in ethisch-nachhaltige Fonds in den nächsten Jahren anhalten, oder ob sie nur überwiegend vom Marketing geprägt waren und nicht vom ernsthaften Bemühen einer nachhaltigen Verbesserung durch eine qualitative Selektion zugunsten nachhaltiger Projekte, Unternehmen und Produkte.[560]

Die zu Beginn gestellte Frage, ob nachhaltige Portfolios für den Investor nicht nur aus moralischen Gesichtspunkten, sondern auch aus finanziellen, eine Alternative zu traditionellen Portfolios darstellen, kann eindeutig bejaht werden.

Die Ergebnisse der empirischen Kapitalmarktforschung zeigen, dass in zahlreichen Fällen keine Unvereinbarkeit zwischen den Zielen des „magischen Vierecks" bestand.[561] Würde dies von zukünftigen Studien ebenfalls bestätigt werden, stünde einer wachsenden Verbreitung ethisch-nachhaltig ausgerichteter Investments kaum noch ein Vorbehalt entgegen.

---

[559] Plinke [Aktienperformance und Nachhaltigkeit 2002], S.27.

[560] Vgl. Tschas [Nachhaltigkeitsreport 2006], o.S.

[561] Vgl. Schäfer [Triple Bottom Line Investing 2001], S.742.

Für die Investition in einen qualitativ hochwertigen nachhaltigen Investmentfonds bedeutet dies, dass eine gute Nachhaltigkeitsperformance nicht mit finanziellen Einbußen für den Anleger einhergehen muss. Es kann eine *„doppelte Dividende“* erzielt werden: Eine *wettbewerbsfähige Rendite* auf der einen und ein *Gewinn für Umwelt und Gesellschaft* auf der anderen Seite.[562]

---

[562] Vgl. Szczesny/Wilhelm [Pensionskassen und nachhaltiges Investment 2005], S.13.

7 Literaturverzeichnis

Achleitner/Everling [Fondsrating 2003]
Achleitner, A.-K. / Everling, O. (Hrsg.): Fondsrating: Qualitätsmessung auf dem Prüfstand – Verfahren, Kriterien und Nutzen, Wiesbaden 2003.

Anastassiou [Stabile Rendite mit gutem Gewissen 2005]
Anastassiou, C.: Stabile Rendite mit gutem Gewissen, URL: www.welt.de/data/2005/12/25/822073.html, 25.12.2005.

Auckenthaler [Mathematische Grundlagen 2001]
Auckenthaler, C.: Mathematische Grundlagen des modernen Portfolio-Managements, 3., überarb. u. erg. Aufl., Bern et al. 2001.

Beck [Global Investment Performance Standards 2002]
Beck, G.: Global Investment Performance Standards, URL: http://www.boerse-express.com/pages/X5f81cfe013754aa3, 06.02.2007.

Beike/Schlütz [Finanznachrichten 2001]
Beike, R. / Schlütz, J.: Finanznachrichten. lesen – verstehen – nutzen: ein Wegweiser durch Kursnotierung und Marktberichte, 3., überarb. Aufl., Stuttgart 2001.

Berguis [Nachhaltige Investments – mehr als eine Nische 2007]
Berguis, S.: Nachhaltige Investments - mehr als eine Nische, URL: http://www.handelsblatt.com/news/Technologie/Nachhaltiges-Investieren/_pv/_p/302583/_t/ft/_b/1201959/default.aspx/nachhaltige-investments-%96-mehr-als-eine-nische.html, 23.01.2007.

Berndt/Jiricka [Ethische Veranlagung – wozu? 2001]
Berndt, A. / Jiricka D.: Ethische Veranlagung – wozu?, in: Sallmutter/Freyschlag [Ethische Investments 2001], S.11-16.

Blank [Sustainable Development 2001]
Blank, E.: Sustainable Development, in: Schulz [Lexikon Nachhaltiges Wirtschaften 2001], S.374-385.

BMU [Mehr Wert 2000]
Bundesumweltministerium (BMU) / Umweltbundesamt (UBA) (Hrsg.): Mehr Wert. Ökologische Geldanlagen, URL: http://www.oegut.at/downloads/pdf/broschuere_mehr_wert.pdf, Berlin 2000.

Breuer [Performancemessung 2003]
Breuer, W.: Bias in Betas und Performancemessung mittels Jensens Alpha, in: Wirtschaftswissenschaftliches Studium, 32 (2003) 8, S.446-450.

Breuer/Gürtler/Schuhmacher [Portfoliomanagement 1999]
Breuer, W. / Gürtler, M. / Schuhmacher, F.: Portfoliomanagement. Theoretische Grundlagen und praktische Anwendungen, Wiesbaden 1999.

Brodbeck [Gewinn und Moral 2006]
Brodbeck, K.-H.: Gewinn und Moral. Beiträge zur Ethik der Finanzmärkte, Schriftenreihe der Finance & Ethics Academy, Band 1, Aachen 2006.

Brückner [Investmentfonds 1998]
Brückner, M.: Die 100 besten Tips Investmentfonds. Rendite-Knüller: Aktienfonds mit Super-Performance. Ausgabenaufschläge: Wie Sie bares Geld sparen. Auswahl: So trennen Sie die Spreu vom Weizen, München 1998.

Bruckner/von Pföstl [Nachhaltige Performance 2005]
Bruckner, B. / von Pföstl, G.: Nachhaltigkeit und finanzielle Performance: ausgewählte Indizes und Unternehmen im empirischen Vergleich, in: Zeitschrift für das gesamte Kreditwesen, 58 (2005) 11, S.576-582.

Bruns/Meyer-Bullerdiek [Professionelles Portfoliomanagement 2000]
Bruns, C. / Meyer-Bullerdiek, F.: Professionelles Portfoliomanagement. Aufbau, Umsetzung und Erfolgskontrolle strukturierter Anlagestrategien, 2., überarb. u. erw. Aufl., Stuttgart 2000.

Cramer/Rudolph [Handbuch für Anlageberatung 1995]
Cramer, J.-E. / Rudolph, B. (Hrsg.): Handbuch für Anlageberatung und Vermögensverwaltung. Methoden und Instrumente des Portfoliomanagements, Frankfurt am Mai 1995.

Dembowski [Profi-Handbuch Investmentfonds 1999]
Dembowski, A.: Profi-Handbuch Investmentfonds. Auswahl-Anlage-Vorsorgestrategie mit Charts und Performance-Liste, 2., neu bearb. Aufl., Regensburg et al. 1999.

Deml/May [Grünes Geld 2005]
Deml, M. / May, H.: Grünes Geld. Jahrbuch für ethisch ökologische Geldanlage 2005/2006, Stuttgart 2005.

Diekmann [Geldanlage mit gutem Gewissen 2007]
Diekmann, M.: Geldanlage mit gutem Gewissen, URL: www.ftd.de/boersen_maerkte/geldanlage/155838.html, 31.01.2007.

Eckert [Fonds für das schlechte Gewissen 2007]
Eckert, D.: Fonds für das schlechte Gewissen, in: Die Welt, URL: http://www.welt.de/data/2007/02/10/1206929.html, 10.02.2007.

Egner [Performancemessung bei Wertpapier-Investmentfonds 1998]
Egner, T.: Performancemessung bei Wertpapier-Investmentfonds, Heidelberg 1998.

Eisenmenger [Investmentfonds 2001]
Eisenmenger, T.: Investmentfonds aus Arbeitnehmersicht, in: Sallmutter/Freyschlag [Ethische Investments 2001], S.49-59.

Esser [Investmentfonds für Einsteiger 1998]
Esser, W.: Investmentfonds für Einsteiger, Frankfurt 1998.

Europäische Union [Die erneuerte EU-Strategie für nachhaltige Entwicklung 2006]
Rat der Europäischen Union: Die erneuerte EU-Strategie für nachhaltige Entwicklung, URL: http://www.zbdw.de/projekt01/medio/pdf/2006_2.pdf, Brüssel 2006.

Eurosif [European SRI Study 2006]
European Sustainable and Responsible Investment (Eurosif): European SRI Study, URL: www.forum-ng.de/upload/pdf/pdf-Studien-extern/Eurosif_SRIStudy_2006_complete.pdf, Paris 2006.

Eurosif [Transparenzleitlinien 2004]
European Sustainable and Responsible Investment (Eurosif): Die Eurosif SRI Transparenzleitlinien für Publikumsfonds. Endfassung 2004, URL: www.forum-ng.de/upload/pdf/final_textversion_dt.pdf, Paris 2004.

Fehr [Jenseits der Normalverteilung 2006]
Fehr, B.: Jenseits der Normalverteilung, in: F.A.Z., Nr.64, 16.03.2006, S.23.

Fehrenbach/Kapferer [An Investmentfonds verdienen 1999]
Fehrenbach, P. / Kapferer H.: An Investmentfonds verdienen. Woran Anleger die Spitzenfonds erkennen, welche Fondsstrategien die besten Renditen versprechen, wie Anleger mit Fonds optimal fürs Alter vorsorgen, Freiburg i. Br. et al. 1999.

Finsinger [Die richtigen Kennzahlen zur Performancemessung 2005]
Finsinger, J.: Die richtigen Kennzahlen zur Performancemessung, FEA Conference, URL: http://www.software-systems.at/download/Finsinger_Die%20richtigen%20Kennzahlen%20zur%20Fondsbewertung.pdf, Diex 2005.

Fischer [Performanceanalyse 2001]
Fischer, B.: Performanceanalyse in der Praxis. Performancemaße, Attributionsanalyse, DVFA performance presentation standards, 2., akt. Aufl., München-Wien 2001.

Flotow/Häßler/Schmidt [Umwelt- und Nachhaltigkeitstransparenz für Finanzmärkte 2002]
Von Flotow, P. / Häßler, R.-D. / Schmidt, J.: Umwelt- und Nachhaltigkeitstransparenz für Finanzmärkte – Stand und Perspektiven, Institut für Ökologie und Unternehmensführung an der EUROPEAN BUSINESS SCHOOL e. V., URL: http://www.instoec.de/Download-Zwischenbericht%20FiMa/GESAMTDOKUMENT-Arbeitspapier-Text.pdf, 17.01.2007, Oestrich-Winkel 2002.

Fraune [Ethische Investments 2006]
Fraune, B.: Ethische Investments, in: Stuttgarter Zeitung, Sonderveröffentlichung, 25.09.2006, S.11.

Friesenbichler/Reithofer [Kriterien ethischer Veranlagung 2001]
Friesenbichler, R. / Reithofer, P.: Kriterien der ethischen Veranlagung, in: Sallmutter/Freyschlag [Ethische Investments 2001], S.67-78.

Gahlen et al. [Finanzmärkte 1997]
Gahlen, B. / Hesse, H. / Ramser, H.-J. (Hrsg.): Finanzmärkte. Schriftenreihe des wirtschaftswissenschaflichen Seminars Ottobeuren, Band 26, Tübingen 1997.

Galli [Performancemessung von Investmentfonds 2003]
Galli, J.: Performancemessung von Investmentfonds. Neuere Methoden im Vergleich, Diplomarbeit, Innsbruck 2003.

Garz/Günther/Moriabadi [Portfoliomanagement 2002]
Garz, H. / Günther, S. / Moriabadi, C.: Portfolio-Management, Frankfurt am Main 2002.

Gèrard [Börse oder Leben 2002]
Gèrard, J.-L.: Börse oder Leben. Geld ökologisch-ethisch anlegen, Chur 2002.

Goodall-Rathert [Volatilitätsprognosen 1998]
Goodall-Rathert, Th.: Volatilitätsprognosen, in: Kleeberg/Rehkugler [Handbuch Portfoliomanagement 1998], S.489-519.

Gräfer/Beike/Scheld [Finanzierung 2001]
Gräfer, H. / Beike, R. / Scheld, G.: Finanzierung: Grundlagen, Institutionen, Instrumente und Kapitalmarkttheorie, 5.Aufl., 2001.

Graulich [Altersvorsorgeprodukte und Nachhaltige Geldanlage 2004]
Graulich, K.: Altersvorsorgeprodukte und Nachhaltige Geldanlagen als EcoTopTen-Produkte, Institut für angewandte Ökologie, URL: www.ecotopten.de/download/EcoTopTen_Endbericht_Finanzen.pdf, Freiburg 2004.

Grieble [Ethisch-ökologische Geldanlage 2001]
Grieble, P.: Ethisch-ökologische Geldanlage. Einflussmöglichkeiten durch Beachtung von ethisch-ökologischen Gesichtspunkten bei der Anlage von Geld, Frankfurt am Main 2001.

Gruber [Ethische Investments liegen im Trend 2001]
Gruber, S.: Ethische Investments liegen im Trend, in: Sallmutter/Freyschlag [Ethische Investments 2001], S.79-106.

Günther [Bedeutung von Benchmarkportfolios 1998]
Günther, St.: Praktische Bedeutung und professioneller Einsatz von Benchmarkportfolios, in: Kleeberg/Rehkugler [Handbuch Portfoliomanagement 1998], S.165-191.

Gyomlay [Investieren in das Gute 2006]
Gyomlay, K.: Nachhaltigkeit: Investieren in das Gute, URL: http://tages-anzeiger.ch/dyn/geld/anlegen/656169.html, 01.12.2006.

Hanak/Jost [Investmentfonds 2002]
Hanak, M. / Jost, C.: Investmentfonds. Handbuch zum Selbststudium, Wien 2002.

Hansen/Schoenheit [Transparenz an den Finanzmärkten 2001]
Hansen, U. / Schoenheit, I.: Transparenz an den Finanzmärkten unter dem Gesichtspunkt des nachhaltigen Wirtschaftens, in: UmweltWirtschaftsForum, 9 (2001) 4, S.23-28.

Hartmann [Investmentfonds 2006]
Hartmann, C.: Investmentfonds: Unterschätzt und überschätzt, in: Bank und Börse, (2006) 12, S.3-9.

Hassler/Bammert [Grundlagen des Nachhaltigkeitsratings 2003]
Hassler, R. / Bammert, M.: Grundlagen des Nachhaltigkeitsratings, in: Achleitner/Everling [Fondsrating 2003], S.113-126.

Hellwig [Was leistet das Finanzsystem 1997]
Hellwig, M.: Unternehmensfinanzierung, Unternehmenskontrolle und Ressourcenallokation. Was leistet das Finanzsystem?, in: Gahlen et al. [Finanzmärkte 1997], S.211-243.

Hockmann [Fonds und Wertpapierkörbe 1995]
Hockmann, H.-J.: Fonds und Wertpapierkörbe, in: Cramer/Rudolph [Handbuch für Anlageberatung 1995], S.126-139.

Hofer [Unternehmen profitieren von Investitionen in Klimaschutz 2006]
Hofer, H.: Unternehmen profitieren von Investitionen in Klimaschutz, in: Kleine Zeitung, 06.12.2006, S.3.

Hoffmann/Scherhorn [Saubere Gewinne 2002]
Hoffmann, J. / Scherhorn, G.: Saubere Gewinne. So legen Sie Ihr Geld ethisch-ökologisch an, Freiburg et al. 2002.

Imug [Bewertung ethisch ökologischer Finanzdienstleistungsprodukte 2003]
Institut für Mark-Umwelt-Gesellschaft e.V.: Bewertung ethisch ökologischer Finanzdienstleistungsprodukte, Arbeitspapier 13/2003, Hannover 2003.

Imug [Der Markt für ethisch-ökologische Geldanlagen in Deutschland 2001]
Institut für Mark-Umwelt-Gesellschaft e.V.: Der Markt für ethisch-ökologische Geldanlagen in Deutschland. Ergebnisse einer repräsentativen Privatanlegerbefragung, Arbeitspapier 13/2001, Hannover 2001.

Imug [Informationsflüsse zwischen Unternehmen und Fondsgesellschaften 2003]
Institut für Mark-Umwelt-Gesellschaft e.V.: Informationsflüsse zwischen Unternehmen, Fondsgesellschaften und Research-Agenturen, Forschungsbericht 1/2003, URL: www.imug.de/themen/pdfs/imug/_informationsflüsse_2003.pdf, Hannover 2003.

Jäger [Geschäft mit Gewissen 2006]
Jäger, S.: Geschäft mit Gewissen, in: Kleine Zeitung, 20.01.2007, S.34.

Kessler/Schneeweiß [Geld und Gewissen 2004]
Kessler, W. / Schneeweiß, A. (Hrsg.): Geld und Gewissen. Tu Gutes und verdiene daran, Frankfurt am Main 2004.

Keuper [Finanzmanagement 2000]
Keuper F.: Finanzmanagement. Aufgaben und Lösungen, München-Wien, 2000.

Kleeberg/Rehkugler [Handbuch Portfoliomanagement 1998]
Kleeberg, J.-M. / Rehkugler, H. (Hrsg.): Handbuch Portfoliomanagement. Strukturierte Ansätze für ein modernes Wertpapiermanagement, Bad Soden 1998.

Kozubek [Zertifikate sind für alle Anleger interessant]
Kozubek, W.: Zertifikate sind für alle Anleger interessant, URL: http://derstandard.at/?url=/?id=2466563, 01.06.2006.

Krebs [Vorsicht bei ethischen Geldanlagen 2006]
Krebs, C.: Vorsicht bei ethischen Geldanlagen, in: Frankfurter Rundschau, 14.06.2006, S.8.

Leiter [OeKB Index für Nachhaltigkeitsfonds]
Leiter, S.: OeKB Index für Nachhaltigkeitsfonds, URL: www.boerse-express.com/pages/478335, 06.10.2006.

Lernbass [Total Expense Ratio 2005]
Lernbass, R.: Total Expense Ratio, URL: http://www.software-systems.at/php/fea.php?site=cms_pressimages_view&i=45, 24. 01. 2007.

Los [The under-representation of systematic risk 1997]
Los, C. A.: Galtons Error and the under-representation of systematic risk, Centre for Research in Financial Services, Working Paper No. 1997-01, URL: http://econwpa.wustl.edu/eps/fin/papers/0409/0409041.pdf, 07.02.2007, Singapore 1997.

Luther [Fonds & Co. 2006]
Luther, Th.: Fonds & Co. Basiswissen für Einsteiger, Berlin 2006, Stiftung Warentest.

Lux [Ethisch-ökologisches Investment 2005]
Lux, A.: Ethisch-ökologisches Investment unter besonderer Berücksichtigung des Ethibel-Modells sowie der Dachfonds „Fair Invest Balanced" und „3 Banken Global Öko-Mix", Wien 2005.

Marinitsch [Anlegerschutz bei Investmentfonds 2001]
Marinitsch, E. S.: Anlegerschutz bei Investmentfonds, Diplomarbeit, Klagenfurt 2001.

Meybom [Zukunftssicher investiert 2002]
Meybom, P. M.: Zukunftssicher investieren, in: Umweltmagazin [Perspektiven 2002], S.40-42.

Möhrle [Erfolgreiche Vermarktung von Öko-Fonds jenseits der Nische 2002]
Möhrle, P.: Erfolgreiche Vermarktung von Öko-Fonds jenseits der Nische. Theoretisch-konzeptionelle Grundlagen und Gestaltungsempfehlungen auf Basis einer vergleichenden Fallstudienanalyse, IWÖ-Diskussionsbeitrag Nr. 98, URL: www.iwoe.unisg.ch/org/iwo/web.nsf/SysWebRessources/DB98/$FILE/DB98.pdf, St. Gallen 2001.

Müller [Handbuch Geldanlage 1999]
Müller, J.: Handbuch Geldanlage, Frankfurt am Main – New York 1999.

o.V. [Anlageformen 2005]
o.V.: Welche Anlageformen bietet Grünes Geld?, URL: http://www.gruenesgeld.at/anlageformen/index.php, 15.12.2006.

o.V. [Capital Invest 2006]
o.V.: Capital Invest. Die Erfolgsstory, URL: http://www.capitalinvest.at, 03.08.2006.
o.V. [Die Kosten eines Investmentfonds 2005]
o.V.: Die Kosten eines Investmentfonds, URL: http://derstandard.at/?url=/?id=785177, 03.04.2006.

o.V. [Domini 400 Social Index 2006]
o.V.: Domini 400 Social Index, URL: www.nachhaltiges-investment.org, 15.01.2001.

o.V. [Ethikbeirat 2006]
o.V.: Ethikbeirat, URL: http://www.schelhammer.at/m045/internet/de/kag/kag_individuelle_seite/unabhaengigerethikbeirat.jsp, 18.12.2006.

o.V. [Ethisches Investment 2006]
o.V.: Ethisches Investment, URL: http://www.schelhammer.at/m045/internet/de/kag/kag_individuelle_seite/ethischesinvestment.jsp#top, 01.12.2006.

o.V. [Ethische Kennzahlen 2006]
o.V.: Ethische Veranlagungen: neue Kennzahlen helfen, URL: http://www.boerse-express.com/cgi-bin/page.pl?print=1&id=514487, 06.10.2006.

o.V. [GIPS auch in Österreich 2000]
o.V.: GIPS auch in Österreich, URL: http://www.oevfa.at/oevfa/oevfa.nsf/Menue/5, 06.02.2007.

o.V. [Global Investment Performance Standards 2000]
o.V.: Global Investment Performance Standards, ÖVFA/VÖIG, URL: http://www.oevfa.at/oevfa/oevfa.nsf/210a863fb5fc41afx1256bd7002b0d42/9c0be9d63440rfe9c1256bbb002f8d48/$FILE/Austrian_GIPS.pdf, 06.02.2007.

o.V. [Historische Entwicklung Fonds 2006]
o.V.: Historische Entwicklung von Fonds und Kapitalanlagegesellschaften. Verein österreichischer Investmentgesellschaften, URL: http://www.voeig.at, 04.08.2006.

o.V. [Investieren mit gutem Gewissen 2004]
o.V.: Investieren mit gutem Gewissen, in: PrivatMagazin [Geld & Ethik 2004], (2004) 1, S.13-18.

o.V. [Nachhaltige Aktienindizes 2005]
o.V.: Nachhaltige Aktienindizes – Gute Performance bei höherem Risiko, URL: www.zew.de/de/presse/presse.php?action=article_show&LFDNR=493, 15.10.2006.

o.V. [OeKB-Index für Nachhaltigkeitsfonds 2005]
o.v.: Ethische Geldanlage: OeKB-Index für Nachhaltigkeitsfonds. Messlatte für ethische Anleger, in: Konsument, (2005) 6, S.22.

o.V. [Ökobilanz 2007]
o.V.: Ökobilanz, URL: www.wikipedia.org, 08.01.2007.

o.V. [Ökoeffizienz 2006]
o.V.: Ökoeffizienz, URL: http://www.umweltdatenbank.de/lexikon/oekoeffizienz.htm, 08.12.2006.

o.V. [Organization Studies 2003]
o.V.: Organization Studies 24 (3), Published in collaboration with the European Group for Organisational Studies (EGOS); London 2003.

o.V. [Performance 2007]
o.V.: Performance, Börsenlexikon, URL: http://nachrichten.boerse.de/wissen.php3?text=lexikon&was=P&id=1390, 25.01.2007.

o.V. [Portfoliotheorie 1997]
o.V.: Portfoliotheorie, in: ZfB, 67 (1997)3, S.333-360.

o.V. [Qualitätsstandards der österreichischen Investmentfondsbranche 2005]
o.V.: Qualitätsstandards der österreichischen Investmentfondsbranche, URL: http://www.voeig.at/voeig/voeighome.nsf/Menue/1.6?OpenDocument, Wien 2005.

o.V. [Rendite mit gutem Gewissen 2005]
o.V.: Rendite mit gutem Gewissen, in: FAZ, 26.11.2005, S.19.

o.V. [Sauberes Gewissen mit grünen Fonds 2006]
o.V.: Sauberes Gewissen mit grünen Fonds, in: Konsument, (2006) 9, S.16-18.

o.V. [Spesen-Klarheit 2004]
o.V.: Investmentfondsgesetz – Spesen-Klarheit, in: Konsument, (2004) 03, S.32.

o.V. [Vice is Nice 2004]
o.V.: Vice is Nice, in: PrivatMagazin [Geld & Ethik 2004], (2004) 1, S.30-32.

o.V. [Vom Mehrwert des Gutseins 2004]
o.V.: Vom Mehrwert des Gutseins, in: PrivatMagazin [Geld & Ethik 2004], (2004) 1, S.22-24.

o.V. [VÖNIX Nachhaltigkeitsindex 2006]
o.V.: VÖNIX Nachhaltigkeitsindex beendet erfolgreich sein erstes Jahr und startet mit neuer Zusammensetzung in die Saison 2006/2007, URL: www.voenix.at/downloads/content/voenix_pressetext_060619.pdf, Wien 2006.

o.V. [Wie gut ist gut? 2004]
o.V.: Wie gut ist gut?, in: PrivatMagazin [Geld & Ethik 2004], (2004) 1, S.20-21.

OeKB [Berechnungsmethoden Investmentfonds 2002]
Österreichische Kontrollbank AG: Investmentfonds. Performanceübersicht, Risiko- und Ertragsanalyse, Risikokennzahlen. Berechnungsmethoden, URL: http://www.oekb.at/bin/file.bin?id=1726537,Wien 2002.

Orlitzky/Schmidt/Rynes [Corportat Social and Financial Performance 2003]
Orlitzky, M. / Schmidt, F. L. / Rynes, S. L: Corporate Social and Financial Performance: A Meta-analysis, in: o.V. [Organization Studies 24 (3) 2003], S. 403-441.

Otter [Investmentfonds 1999]
Otter, M. J. den.: Investmentfonds. Grundlagen, Risiken, Chancen, München-Wien 1999.

Pinner [Etische Investments 2003]
Pinner, W.: Ethische Investments. Rendite mit „sauberen" Fonds, Wiesbaden 2003.

Plinke [Aktienperformance und Nachhaltigkeit 2002]
Plinke, E.: Aktienperformance und Nachhaltigkeit. Hat die Umwelt- und Sozialperformance einen Einfluss auf die Aktienperformance?, Sarasin Studie, URL: http://www.sarasin.ch/sarasin/show/pdf/Performance.pdf, Basel 2002.

Poth [Mehr Parfüm als Substanz 2002]
Poth, R.: Mehr Parfüm als Substanz, URL: http://www.rpoth.at/pastwork/ethinvest.shtml, 08.12.2006.

Privat Magazin [Geld & Ethik 2004]
PrivatMagazin: Geld & Ethik. Wie man mit gutem Gewissen investiert, BankPrivat, URL: http://www.bankprivat.com/documents/BankPrivat_Magazin_03_04.pdf, Wien 2004.

Rath [Performancemessung von Investmentfonds 2002]
Rath, M.: Performancemessung von Investmentfonds, Diplomarbeit, Klagenfurt 2002.

Rauschenberger [Fondsführer 2000]
Rauschenberger, R.: Fondsführer. Ein Ratgeber der ZDF-Wirtschaftsredaktion. Aktienfonds, Immobilienfonds, Mischfonds, Indexfonds. [mit Lexikon & Glossar], Wien et al. 2000.

Rehkugler [Grundlagen des Portfoliomanagements 1998]
Rehkugler, H.: Grundlagen des Portfoliomanagements, in: Kleeberg/Rehkugler [Handbuch Portfoliomanagement 1998], S.3-35.

Rosinski [Sustainable Finance 2001]
Rosinski, N.: Sustainable Finance. Eine Unternehmensperspektive, Diplomarbeit, Berlin 2001.

Roßbach [Probleme der Performance-Messung 1991]
Roßbach, P.: Methoden und Probleme der Performance-Messung von Aktienportefeuilles, Frankfurt am Main 1991.

Rotthaus [Grüne Geldanlagen 2001]
Rotthaus, S.: Grüne Geldanlagen. Ökologisch und ethisch bewusst investieren. Alle Anlageformen im Überblick, Niedernhausen/Ts. 2001.

Sallmutter/Freyschlag [Ethische Investments 2001]
Sallmutter, H. / Freyschlag, F. (Hrsg.): Ethische Investments. Sind Moral und Rendite vereinbar?, Wien 2001.
Sauer [Mutual Fund Performance Rankings 1997]
Sauer, D.-A.: Information Content of Prior Period Mutual Fund Performance Rankings, in: Journal of Economics and Business, 49 (1997) 6, S.549-567.

Schaperjahn/Weber [Vermögensverwaltung mit Investmentfonds 1995]
Schaperjahn, F. / Weber, M.: Vermögensverwaltung mit Investmentfonds, in: Cramer/Rudolph [Handbuch für Anlageberatung 1995], S.734-745.

Schäfer [Ethisch-ökologische Geldanlagen zwischen hell- und dunkelgrün 2001]
Schäfer, H.: Ethisch-ökologische Geldanlagen zwischen hell- und dunkelgrün, in: Schrader/Hansen [Nachhaltiger Konsum 2001], S.120-135.

Schäfer [Portfolioselektion mittels Ethik-Filtern 2002]
Schäfer, H.: Portfolioselektion und Anlagepolitik mittels Ethik-Filtern – ein Überblick zum Stand der empirischen Kapitalmarktforschung, in: Kredit und Kapital, 35 (2002) 1, S.101-148.

Schäfer [Triple Bottom Line Investing 2001]
Schäfer, H.: Tipple Bottom Line Investing – Ethik, Rendite und Risiko in der Kapitalanlage, in: Zeitschrift für das gesamte Kreditwesen, (2001) 13, S.740-744.

Schaltegger/Figge [Finanzmärkte 1999]
Schaltegger, S. / Figge, F.: Finanzmärkte – Treiber oder Bremser des betrieblichen Umweltmanagements?, in: Seidel, E. (Hrsg.) [Betriebliches Umweltmanagement im 21. Jahrhundert 1999], S.287-299.

Schneeweiß [Grünes Geld und schwarze Schafe 2004]
Schneeweiß, A.: Grünes Geld und schwarze Schafe, in: Kessler/Schneeweiß [Geld und Gewissen 2004], S.108-113.

Schneeweiß [Kursbuch ethische Geldanlage 2002]
Schneeweiß, A.: Kursbuch ethische Geldanlage. Aktien, Fonds, Beteiligungen, Frankfurt am Main 2002.

Schneeweiß [Mit gutem Gewissen an die Börse? 2004]
Schneeweiß, A.: Mit gutem Gewissen an die Börse?, in: Kessler/Schneeweiß [Geld und Gewissen 2004], S.124-135.

Schoenheit [Nachhaltiges Investment als Kommunikationsaufgabe 2004]
Schoenheit, I.: Nachhaltiges Investment als Kommunikationsaufgabe, in: UmweltWirtschaftForum, 12 (2004) 2, S.93-97.

Schoenheit/Grazek [Qualität von ethisch-ökologischen Fonds 2003]
Schoenheit, I. / Grazek, U.: Qualität von ethisch-ökologischen Fonds – ein Ansatz zur vergleichenden Fondsbewertung, in: Achleitner/Everling [Fondsrating 2003], S.127-139.

Schrader/Hansen [Nachhaltiger Konsum 2001]
Schrader, U. / Hansen, U. (Hrsg.): Nachhaltiger Konsum – Forschung und Praxis im Dialog, Bd. 10 der Reihe „Marketing und Verbraucherarbeit", Frankfurt und New York 2001.

Schramm [Ethisch korrekte Investmentfonds 2006]
Schramm, M.: Immer mehr Börsianer setzen auf ethisch korrekte Investmentfonds, URL: http://www.welt.de/data/2006/09/30/1055353.html, 01.12.2006.

Schröder [Socially Responsible Investments 2003]
Schröder, M.: Socially Responsible Investments in Germany, Switzerland and the United States. An Analysis of Investment Funds and Indices, ZEW, Discussion Paper No.03-10, URL: ftp://ftp.zew.de/pub/zew-docs/dp/dp0310.pdf, 2003.

Schulz [Lexikon Nachhaltiges Wirtschaften 2001]
Schulz, W. F. (Hrsg.): Lexikon Nachhaltiges Wirtschaften, München-Wien 2001.

Seidel [Betriebliches Umweltmanagement 1999]
Seidel, E. (Hrsg.): Betriebliches Umweltmanagement im 21. Jahrhundert, Berlin et al. 1999.

Spremann [Portfoliomanagement 2000]
Spremann, K.: Portfoliomanagement, München-Wien 2000.

Steiner/Bruns [Wertpapiermanagement 2000]
Steiner, M. / Bruns, C.: Wertpapiermanagement, 7., überarb. u. erw. Aufl., Stuttgart 2000.

Steiner/Uhlir [Aktienanalyse 2001]
Steiner, P. / Uhlir, H.: Wertpapieranalyse, Heidelberg 2001, Physica Verlag.

Stremlau [Ethisches Ivestment in Deutschland 2002]
Stremlau, S.: Ethisches Investment in Deutschland – eine empirische Marktanalyse, in: von Rosen [Ethisch orientierte Aktienanlage 2002], S.25-41.

Szczesny/Wilhelm [Pensionskassen und nachhaltiges Investment 2005]
Szczesny, A. / Wilhelm, A.: Pensionskassen und nachhaltiges Investment, Scoris – Sustainable Investment Research International, URL: www.scoris.de/download/scoris_pensionskassen-studie_2005.pdf, Hannover 2005.

Tschas [Nachhaltigkeitsreport 2006]
Tschas, M.: Finance & Ethics Research Nachhaltigkeitsreport 2006: 5 Milliarden Euro in nachhaltige Aktienfonds, URL: http://www.software-systems.at/php/fea.cms_newsletter_public_showall.html, 10.Jänner 2007.

Umweltmagazin [Perspektiven 2002]
Das Umweltmagazin der Münchener Rück: Perspektiven. Ideen von heute für die Welt von morgen, URL: http://193.103.202.80/publications/302-03776_de.pdf, München 2002.

Vogelsang [Handbuch Finanzgestaltungsberatung 2000]
Vogelsang, D.: Handbuch Finanz- und Vermögensgestaltungsberatung. Neues Geschäftsfeld für steuer- und rechtsberatende Berufe, Stuttgart 2000.

von Rosen [Ethisch orientierte Aktienanlage 2002]
von Rosen, R. (Hrsg.): Ethisch orientierte Aktienanlage – Nische oder Wachstumsmarkt?, Studien des Deutschen Aktieninstituts, (2002) 18, URL: www.dai.de/internet/dai/dai-2-0.nsf/LookupDL/84402D242DA16FF5C1256BDF002B1378/$File/Studie-18.pdf, Frankfurt am Main 2002.

von Rosen [Nachhaltigkeit und Shareholder Value 2003]
von Rosen, R. (Hrsg.): Nachhaltigkeit und Shareholder Value aus Sicht börsennotierter Unternehmen. Ergebnis einer Umfrage des Deutschen Aktieninstituts e.V. und des Instituts für Ökologie und Unternehmensführung an der European Business School e.V., Studien des Deutschen Aktieninstituts, (2002) 22, URL: www.dai.de/internet/dai/dai-2-0.nsf/LookupDL/154D8871DE1D18F0C1256D2F00597484/$File/Studie_22.pdf, Frankfurt am Main 2003.

Vorbach [Der Aufschwung institutioneller Anleger 2001]
Vorbach, J.: Der Aufschwung der institutionellen Anleger und die Auswirkungen auf Management und Arbeitnehmer, in: Sallmutter/Freyschlag [Ethische Investments 2001], S.17-28.

Wachtendorf [Kursbuch Investmentfonds 1999]
Wachtendorf, E.: Kursbuch Investmentfonds. Optimale Anlagestrategien, 4. akt. u. überarb. Aufl., Frankfurt am Main 1999.

Weber [Zukunftssicher anlegen 2001]
Weber, J.: Zukunftssicher anlegen. Ein Ratgeber für Nachhaltigkeits- und Umweltfonds, München 2001.

Wilke [Ethisch-ökologisches Investment 2002]
Wilke, P.: Ethisch-ökologisches Investment. Ein Beitrag zur Debatte um nachhaltiges Investieren in der Altersvorsorge, URL: http://www.wmp-consult.de/seiten/service.htm, Hamburg 2002.

Wilkens [Treynor-Ratio zur Market Risk-Adjusted Performance 1999]
Wilkens, M.: Von der Treynor-Ratio zur Market Risk-Adjusted Performance. Zusammenhang und Diskussion grundlegender Performancemaße, in: Finanz Betrieb, (1999) 10, S.308-315.

Winter [Performance-Standards 2002]
Winter, R.: Performance-Standards statt Äpfel-Birnen-Vergleich, URL: http://www.boerse-express.com/pages/X6074f472cf08f00f, 06.02.2007.

Wittrock [Moderne Verfahren der Performancemessung 1998]
Wittrock, C.: Moderne Verfahren der Performancemessung, in: Kleeberg/Rehkugler [Handbuch Portfoliomanagement 1998], S.933-973.

Wittrock [Performance von Wertpapierportfolios 2000]
Wittrock, C.: Messung und Analyse der Performance von Wertpapierportfolios, 3., erw. Aufl., Bad Soden 2000.

Zemelka [Value-Reporting 2002]
Zemelka, C.: Value Reporting als normatives Modell zur Integration nicht-finanzieller Kennzahlen in die strategische Kapitalmarktkommunikation, Dissertation, URL: http://eldorado.uni-dortmund.de:8080/FB15/lg4/forschung/2002/Zemelka/zemelka_unt.pdf, 16.03.2004, Dortmund 2002.